社会の「よさ」をいかに測るか

―貧困・格差・人間開発―

河田 陽向

三菱経済研究所

まえがき

私たちはたくさんの指標に囲まれて生活している．GDP, 東証株価指数，高齢化率，ジニ係数など，さまざまな人工的な指標を使ってさまざまな現象の一側面を切り取り，この巨大で複雑な社会を理解しようとしている．指標の種類は数多く,「貧困」という現象に絞っても，貧困者率，所得ギャップ率，ワッツ・インデックス，FGT インデックス，相対貧困率などの指標があり，使う指標によって，私たちの目に映る貧困の様相は大きく異なる．指標とは世界を認識するための色のついたレンズのようなものだ．レンズを掛けかえれば，異なる世界が見えてくる．そうであれば，私たちはレンズの仕組みやクセについての理論を学ぶべきだろう．私たちのものの見方を規定している道具の背後にある理論を知れば，ものの見方に惑わされにくくなるだろう．

本書の目的は，さまざまな指標の背後にある理論を整理し，平易な解説を与えることであり，“理論的に性能の良い”指標を探求することである.「指標の性能が良いとはどのようなことか」という問題も考察対象となる．

性能の良い指標を探求するために，**公理化** (axiomatization) と呼ばれる手法を用いる．指標とは，数学的には関数である．公理化とは，関数にさまざまな条件を付け加えていき，その形状をただひとつに特定することである．例えば，貧困の度合いを測る指標を考えてみよう．まず，貧困の指標が満たすべき，誰もが納得するような弱い条件を考える.「すべての貧困者の所得が，今よりさらに減少したら，貧困指標の値は上昇すべきだ」などがそのような条件の例である．他にも,「最も貧しい貧困者の状況の改善は，比較的裕福な貧困者の状況改善よりも重視されるべきだ」といった規範的な価値判断を数学的条件として定式化する．そういった条件を関数に要求していくと，関数が取りうる形状の可能性が狭まっていくことがわかる．要求する条件が弱すぎると，関数の形状を絞り込めないが，要求が強すぎると，「そのような関数は存在しない」とつっぱねられてしまう．いわゆる不可能性定理が導かれてしまうのである．このように，望ましい指標の存在可能性と不可能性の境目を見極めながら，望ましい指標を特定する手法が公理化である．

第 1 章では，貧困指標について考察する．本書を貫くモチベーションはこの章で最も丁寧に語られるため，まずはこの章から読み始めることを勧める．この章では，スタンダードな貧困指標の欠点を指摘し，あまり馴染みがないと思われるセン・インデックスや FGT インデックスについて紹介する．そして，性能の良い貧困指標が満たすべき条件を考察する．

第 2 章では，格差と分断の指標について取り扱う．特に，エステバンとレイによる分極化の指標について，平易な解説を与える．また，彼らの主定理の誤りを指摘し，その修正案を紹介する．

第 3 章では，近年，理論と実証の双方で研究が盛んになってきている多次元の指標について解説する．HDI やアルカイア＝フォスターの方法について，邦語でまとまった理論的な解説を与えた書籍は，本書が初めてであろう．

本書では，公理を定義する際に，日本語による直感的な解釈と，数式による厳密な定義を併記している．特に，変数の依存関係が複雑に入り組んでいる場合には，思い切って英語で定義を書いている．英語のほうが日本語よりも，論理関係をすっきりと記述できるからである．一方，日本語による解釈は，かなり直感的に読める文章を書いたつもりである．

公理とは，人間の価値感覚に合致する説得性の高い要求を，数学的条件として定式化したものだ．したがって，すべての公理の意味は，数式さえ読み下すことができれば，誰にとっても“腑に落ちる”ものであるはずだ．直感的な解釈文を記述したのは，公理の意味を腑に落としてもらい，そのことを読者に確認してもらうためである．

結果的に，数式を読み飛ばして主要なメッセージを読み取りたいタイプの読者と，厳密性に関心があり，数式を読み解きたいタイプの読者のどちらのニーズにも応えられるような形になったと思う．なお，特に変数の依存関係に混乱の余地が無いと思われる場合，英語による厳密な定義の併記はしていない．

社会指標の公理化という分野には，膨大な量の研究蓄積があるため，本書でそのすべてを紹介することは不可能である．つまり本書は，当該分野の網羅的なサーヴェイを意図しているものではない．しかし，ひとつの研究領域を形成したり，研究の大きな方向性を決定づけた論文を，ストーリー性を与えながら解説しているため，本書を一読するだけで当該分野の主要な問題意識は，ある程度掴めるものと考える．また，随所に筆者のオリジナルな研究成果も盛り込んでいる．本書が，社会に溢れるさまざまな指標の背後にある理論を理解するための，一助になれば幸いである．

謝辞

本書は，筆者が公益財団法人三菱経済研究所の専任研究員として行った研究成果をまとめたものである．本書の執筆にあたり，多くの方にお世話になった．まず，三菱経済研究所との直接的な縁を取り持ってくださった慶應義塾大学の坂井豊貴先生に深く感謝申し上げたい．先生には，本書の構成や細かな言葉の選び方について貴重なアドバイスもいただいた．慶應義塾大学経済学研究科の博士課程の学生で，筆者との共著論文も多数ある中村祐太氏には，全篇にわたって詳細なコメントをいただいた．また，慶應義塾大学経済学部の同僚の岡本実哲氏と同大学経済学研究科の修士課程の学生である砂田啓太氏には，全篇を読んでもらい，文章全体の統一性や関連文献について，有益なコメントをいただいた．

三菱経済研究所の滝村竜介常務理事には，本書の構想段階から完成に至るまで定期的なコメントと励ましの言葉をいただいた．そして，同氏をはじめとして，温かい雰囲気と研究に専念できる素晴らしい研究環境を提供してくださった三菱経済研究所の皆様に，この場を借りて厚く御礼申し上げたい．

2018 年 7 月　　河田　陽向

目　　次

第 1 章　貧困 …… 1

1.1　はじめに …… 1

1.2　基本的なモデルと公理 …… 5

1.3　セン・インデックス …… 8

1.4　部分と全体の整合性–FGT インデックス …… 19

1.5　公理化：望ましい貧困指標を特定する …… 29

1.6　おわりに …… 35

第 2 章　格差と分断 …… 37

2.1　はじめに …… 37

2.2　基本的なモデルとジニ係数 …… 39

2.3　分極化の度合い–ER インデックス …… 45

2.3.1　分極化の特徴と不平等化との本質的な違い …… 46

2.3.2　モデルと公理 …… 50

2.3.3　分極化指標の特徴づけ定理の反例と修正 …… 56

2.4　おわりに …… 59

第 3 章　多次元の評価 …… 61

3.1　はじめに …… 61

3.2　ケイパビリティ・アプローチ …… 62

3.3　人間開発指数 …… 66

3.3.1　2010 年の改定 …… 69

3.3.2　人間開発指数の公理化 …… 70

3.4　多次元の貧困 …… 76

3.4.1　誰が貧困か？ …… 76

3.4.2　アルカイア＝フォスターの方法 …… 80

3.5　おわりに …………………………………………………………………… 90

あとがき ……………………………………………………………………… 91

参考文献………………………………………………………………………… 93

第1章　貧困

1.1　はじめに

貧困とは，選択の自由と機会を奪われ，人間の尊厳が踏みにじられている状態である．それは，社会的な活動に参加するための基本的な能力を発揮できない状態であり，飲み水，食べ物，衣服，住居，学校，病院など，人間に共通して必要なものが不足していることに起因する[1]．

具体的には，ある社会における貧困の度合いは，例えば1日あたり1$未満で生活している者の割合—**貧困者率**—で測られることが多い．貧困者率という指標は，ある所得水準以下の者を貧困者と定義し，その頭数を数えるだけの指標なので，英語では "headcount ratio" と呼ばれる．貧困者と，そうでない者を分ける所得水準を**貧困線** (poverty line) と呼ぶ．ここでいう貧困線は**絶対的貧困線** (absolute poverty line) であり，人間が生きるために—自らが生きるという選択の自由を行使するために—最低限必要と考えられる所得水準である．このような貧困概念は,「ある時代や社会における大多数が享受している生活水準と比較して著しく貧しい生活を送らざるを得ない状態」という意味での貧困

[1] 貧困研究の泰斗モリー・オーシャンスキーが『貧困は美と同様に，見る者によってその様相を変える』("Poverty, like beauty, lies in the eye of the beholder.") と述べているように，貧困の定義を一意に定めることは難しい (Orshansky 1969)．本書では貧困とは何かという問題には立ち入らず，抽象的ではあるが貧困の本質を捉えた定義『自由と尊厳が剥奪 (deprivation) されている状態』を採用し，議論を進める．一般向けの貧困の定義として参考になるのは，UNGA（国連総会）が行った決議の記録や，UNDP（国連開発計画）が発行している Human Development Report などである．

である**相対的貧困** (relative poverty) とは区別されることに注意されたい[2].

例えば，国連機関のひとつである国連開発計画 (United Nations Development Programme) は 2000 年度の報告書で“1 日あたり 1$”を貧困線として定め，貧困者率を算出している．その報告書によれば，所得が 1 日あたり 1$未満の者は 2000 年時点で 12 億人であったというから，当時の地球上の貧困者率は概算で 12 億/60 億 = 0.2 と計算でき，5 人に 1 人が貧困者だったとわかる．現在は，世界銀行が定めた“1 日あたり 1.9$”を貧困線として用いることが多い（2015 年 10 月に改定）[3].

貧困の根絶は，経済学にとって最重要問題のひとつだが，この章で扱うのは,「いかにして貧困を根絶するか」という問題ではない．それよりも前の段階にある,「**いかにして貧困は測られるべきか**」という問題である．実際に個人の所得をどのように調査するか，といった問題ではなく,「**どんな指標を使って貧困の度合いを測るべきか**」という問題である．実は，貧困指標にはさまざまな種類があり，よくできた指標と，そうでない指標がある．そして，不出来な貧困指標を使ってしまうと，貧困を根絶する政策の効果をうまく測れない可能性がある．貧困指標の数値と貧困の実態とが乖離していると，政策によって貧困指標の数値が上昇したからといって貧困状態が改善したともいえず，数値が下降したからといって貧困状態が悪化したともいえなくなってし

---

[2] **相対的貧困線** (relative poverty line) は,「所得の中央値の半分」と定義されることが多い．日本の場合，国民生活基礎調査によれば，平成 27 年度の等価可処分所得の中央値が 245 万円だったので，相対的貧困線は年間 122.5 万円，1 日あたり約 3, 356 円となり，相対的貧困者率は 15.6%であった.

[3] 本来，貧困とは教育，健康，社会的インフラの充実度など，多次元の要素で測られるべきものだが，本章では，貧困を所得という一次元の要素のみで測る．というのも，貧しい国では多様なデータの入手が困難であるため，多くのデータを利用しなければ計算できない指標は，実用性に乏しいからである．しかし近年は，たとえ貧しい国であっても多種多様なデータが入手できるようになりつつあり，多次元で貧困を評価する実証研究が花開きつつある．多次元での評価の方法については第 3 章で論じる.

まう，ということだ．したがって，「いかにして貧困を根絶するか」という問題を考えるためには，何よりも，“正しく”貧困の実態を測定する方法を考えることが先決なのである．

貧困者の定義を「所得が 1 日あたり 1＄未満の者」としてしまえば，貧困の度合いを測ることはとてもシンプルに思えるが，たとえそのようにざっくりと定義したとしても，そこには一筋縄ではいかない問題が潜んでいる．例えば，さきほど定義した貧困者率という指標は，本当に貧困の度合いを適切に測れているのだろうか．貧困者率は，貧困者の人数を単純に数えているだけなので，もし仮に貧困者の所得がさらに減少して極度の貧困状態に陥っても，貧困者の人数さえ変わらなければ，その値も変わらない．貧困者の貧困度がさらに上がったのに，貧困者率はその変化について無反応なのである．逆に，政府が貧困者に対して手当を給付し，貧困者の人数を減らすことはできないまでも，生活ぶりを改善することに成功したとしよう．それでも，貧困者率は，そのような変化に対して無反応である．そのため，政府の政策は『効果がなかった』と評価されてしまうだろう．また，「貧困者率が 10%である」という数値を見ても，「その 10%のうちの多くの人が 1 日あたり 0.9＄で生活しているのか」，それとも「その 10%のうちの多くの人が 1 日あたり 0.1＄で生活しているのか」，貧困者率という指標は区別ができない．だが，同じ貧困者率 10%であっても，その深刻さの度合いは大きく異なるはずだ．

このような貧困者率の欠点を初めて指摘したのは，イギリスの経済学者ハロルド・ワッツである (Watts 1968)．彼は当時，イギリスにおける貧困対策がうまく効果を上げていない原因が，政策の失敗というよりは貧困者率という不出来な指標を用いていることにあるのではないか，という疑問を投げかけた．そして，貧困者率に代わる新たな指標，ワッツ・インデックスを提案した．ワッツ・インデックスについては第 1.5 節で再び論じる．ワッツの研究から 8 年後，アマルティア・センもまた，貧困者率に対する同様の批判を行い，貧困者率を "crude"（粗雑）な指標であると断じた (Sen 1976)．センといえば，1998 年に『社会的選択，厚生の測定，貧困など厚生経済学における重要問題の研究への貢献』を称えられ，ノーベル経済学賞を授与された人物で，しかも Sen (1976) は彼の代表作のひとつである．その影響力はすさまじく，Sen (1976) を嚆矢として，貧困指標の性質を理論的に考察する論文が多数生み出され，ひとつの研究分野が形成された．しかしセンはワッツの研究を知らなかったためか，自身の論文中でワッツの論文に言及していない．その結果，ほとんどの後続研究では『貧困指標の理論的研究はセンによって創始された』と述べられており，ワッツに対する適切なクレジットを与えている論文は少ない[4]．

貧困者率に対する批判を最初に行ったのはワッツだが，センの研究はワッツよりも質的に一歩先に進んでいたといえる．センは貧困指標が満たすべき性質とはどのようなものかを論じ，厳密に定式化し，従来の指標の性能を，それらの性質を満たすか満たさないかによって評価する方法を採った．そして，貧困指標が満たすべき性質をすべて満足する指標とはどのようなものか，という問題を探究した．すなわち，公理的なアプローチを貧困指標の設計の世界に持ち込んだのである．

この章では，貧困指標の公理的分析を行うための数学的なモデルを導入し，貧困の度合いをより“正しく”測定するための指標を探っていく．まずは，ワッツとセンの貧困者率に対する批判を検討しながら，貧困指標が満たすべき性質について考えていく．

---

[4]2017 年 9 月の時点で，google scholar citations における Sen (1976) の引用件数は 3,300 件を越えているが，Watts (1968) の引用件数は約 560 件である．Zheng (1993) がほとんど無視されていたワッツの貢献を発見し，ワッツ・インデックスを公理化したのは 1993 年だが，それ以前の Watts (1968) の引用件数は 46 件に留まる．1993 年以前の有名なサーヴェイ論文（例えば Foster 1984; Hagenaars 1987; Seidl 1988）はワッツの研究について言及しておらず，貧困指標の理論的研究という文脈でワッツに言及しているのは Atkinson (1987) のみである．

1.2　基本的なモデルと公理

社会を構成している個人の集合を $N = \{1, 2, \ldots, n\}$ とする．各個人 $i \in N$ の所得を $y_i \in \mathbb{R}_+$ で表し，すべての個人の所得を並べたベクトル $\boldsymbol{y} = (y_1, y_2, \ldots, y_n) \in \mathbb{R}^n_+$ を**所得プロファイル** (income profile) と呼ぶ．**貧困線** (poverty line) を $z \in \mathbb{R}_+$ とする．z は所得や個人の人数には左右されない，外生的な変数である．所得が貧困線を下回っている者を**貧困者**と呼び，その集合を $Q(\boldsymbol{y}, z) = \{i \in N : y_i \leq z\}$ とする．

貧困指標 (poverty index) とは，ある社会の所得プロファイルに対して，その社会の貧困の度合いを実数で表す関数であり，poverty の頭文字をとって，一般に P という記号で書く．貧困線 z を所与として所得プロファイル $\boldsymbol{y}$ における貧困の度合いを $P(\boldsymbol{y}, z) \in \mathbb{R}$ で表すわけである．これから，貧困の実態をうまく捉えられるような，性能の良い貧困指標を探っていく．

さきほどから言及している**貧困者率** (headcount ratio) は，貧困指標のひとつである．それは貧困者の人数を社会全体の人数 n で割ったものであり，

$$H(\boldsymbol{y}, z) = \frac{|Q(\boldsymbol{y}, z)|}{n}$$

で定められる[5]．

例えば，貧困線が $z = 3$ のケースで 5 人の個人からなる社会を考えてみよう．もし所得プロファイルが

$$\boldsymbol{y} = (6, 8, 3, 7, 2)$$

なら，5 人のうち所得が 3 以下の者は 2 人なので，$H(\boldsymbol{y}, z) = 2/5$ となる．しかし，この指標は，ただでさえ低い貧困者の所得が，さらに減

[5] 集合 A に対して，その要素の数を $|A|$ で表す．例えば $|\{2, 1, 7\}| = 3$ である．

少したとしても，貧困者の人数が変わらなければ，数値の大きさが変わらない，という欠点がある．仮に貧困者の所得が 1/10 になって

$$\boldsymbol{y}' = (6, 8, 0.3, 7, 0.1)$$

となっても，相変わらず $H(\boldsymbol{y}', z) = 2/5$ のままなのである．すなわち，貧困者率 H は，**単調性**という，次の条件を満たさない．

単調性 (Monotonicity)． 貧困者の所得が減少したら，貧困の度合いは上昇すべきである．
P is *monotonic* if for any $\boldsymbol{y} \in \mathbb{R}^n_+$, any $i \in Q(\boldsymbol{y}, z)$, and any $y'_i \in \mathbb{R}$ with $y'_i < y_i$, $P(\boldsymbol{y}, z) < P((y'_i, \boldsymbol{y}_{-i}), z)$[6].

もし貧困指標が単調性を満たしていなければ，貧困者がさらに貧しくなっても，その変化をうまく捉えることができない．同様に，貧困者の所得が上昇して生活ぶりが改善しても，貧困線を下回っている限り，その変化を捉えることはできない．単調性は，性能の良い貧困指標が備えるべき第一の性質としてよいだろう．

貧困者率と並んで，頻繁に用いられる指標として**所得ギャップ率** (income gap ratio) がある．それは，貧困者所得の貧困線からの乖離度合いの平均値であり，

$$I(\boldsymbol{y}, z) = \frac{1}{|Q(\boldsymbol{y}, z)|} \sum_{i \in Q(\boldsymbol{y}, z)} \frac{z - y_i}{z}$$

で定められる[7]．シグマ記号の中の $\frac{z-y_i}{z}$ は貧困線 z と貧困者 y_i の所得

---

[6] ベクトル $\boldsymbol{y} \in \mathbb{R}^n_+$ に対して，その i 番目の要素を除いたベクトルを $\boldsymbol{y}_{-i}$ と書く．ベクトル $\boldsymbol{y}$ のうち i 番目の値 y_i を y'_i に置き換えたベクトルを $(y'_i, \boldsymbol{y}_{-i})$ と書く．例えば $\boldsymbol{y} = (1, 3, 5, 7), y'_3 = 10$ とすると，$(y'_3, \boldsymbol{y}_{-3}) = (1, 3, 10, 7)$ である．

[7] 似た指標として，$P^G = \frac{1}{n} \sum_{i \in Q(\boldsymbol{y}, z)} \frac{z-y_i}{z}$ という**貧困ギャップ率** (poverty gap ratio) がある．I と P^G を同一視または混同している文献も幾つかあるが，本書ではこれらの指標を区別する．

の差を z で基準化したもので，個人 i の貧困度の深刻さを表している．それらを足し合わせ，貧困者の人数 $|Q(\mathbf{y}, z)|$ で割ったものが所得ギャップ率 I である．所得ギャップ率 I は，明らかに単調性を満たす．もし貧困者 i の所得 y_i が減少すると，$\frac{z-y_i}{z}$ が大きくなり，全体として大きな値となるからだ．しかし，所得ギャップ率 I には，「貧困層内の所得分布について無反応である」という欠点がある．どういうことか．たとえ同じ貧困者であっても，相対的に貧しい者と相対的に裕福な者が存在する．そのような状況で考えられるのは，相対的に裕福な者が自分より貧しい者から搾取する，という事態である．極度の貧困者から，相対的に裕福な者への所得移転が行われてしまうと，貧困層における所得格差が悪化し，貧困層内に更なる貧困が生み出されることになる．しかし，所得ギャップ率 I は，このような状況変化に対して無反応なのである．これを確かめるために，I を

$$
\begin{aligned}
I(\mathbf{y}, z) &= \frac{1}{|Q(\mathbf{y}, z)|} \sum_{i \in Q(\mathbf{y}, z)} \frac{z - y_i}{z} \\
&= \frac{1}{|Q(\mathbf{y}, z)|} \sum_{i \in Q(\mathbf{y}, z)} \left(1 - \frac{y_i}{z}\right) \\
&= 1 - \frac{1}{z|Q(\mathbf{y}, z)|} \sum_{i \in Q(\mathbf{y}, z)} y_i
\end{aligned}
$$

と変形してみよう．すると，この指標が実質的に「1− 貧困者たちの所得の平均」だとわかる．よって，貧困層内の所得移転では所得の和が変化せず，当然，平均も変化しないので，I が所得移転による貧困の悪化を捉えられないことがわかる．すなわち，所得ギャップ率 I は**移転原理**を満たさない．

移転原理 (Transfer principle)． 相対的に貧しい貧困者から相対的に裕福な貧困者への所得移転が行われたら，貧困の度合いは上昇すべきで

ある.

P satisfies the *transfer principle* if for any $\mathbf{y} \in \mathbb{R}^n_+$, any $i, j \in Q(\mathbf{y}, z)$ with $y_i < y_j$, and any $t > 0$ with $y_i - t \geq 0$ and $y_j + t \leq z$,

$$P(\mathbf{y}, z) < P((y_i - t, y_j + t, \mathbf{y}_{-i,j}), z).$$

貧困者率や所得ギャップ率は，国連や各国政府によって最も頻繁に用いられている指標で，直感的であり，非常に良さそうな指標に見える．しかし，それらは単調性や移転原理を満たさないので，貧困の重要な側面を見落としているのだ．

1.3　セン・インデックス

Sen (1976) は，単調性と移転原理の 2 条件を満たす新たな指標として，次の興味深い指標 P^s を提案した．それは従来の貧困指標を巧妙に組み合わせたもので，

$$P^s(\mathbf{y}, z) = H\left[I + (1 - I)G_p\right] \tag{1.1}$$

である．H と I はそれぞれ貧困者率 $H(\mathbf{y}, z)$ と所得ギャップ率 $I(\mathbf{y}, z)$ のことである．G_p とは，貧困者内のジニ係数で，

$$G_p(\mathbf{y}, z) = \frac{1}{2Y_p|Q(\mathbf{y}, z)|} \sum_{i \in Q(\mathbf{y}, z)} \sum_{j \in Q(\mathbf{y}, z)} |y_i - y_j|$$

である．なお，Y_p は貧困者の所得の総和であり，$Y_p = \sum_{i \in Q(\mathbf{y}, z)} y_i$ である．ジニ係数は所得格差を測る指標のひとつである．格差の指標については第 2 章で詳しく論じるが，センの考えた指標の意味を正確に理解するために，ここでジニ係数の意味するところを明らかにしておく．

ジニ係数は，各個人の所得の差をすべて足し合わせ，数値が [0, 1] 区

間に収まるように適切に基準化したものである．まず，所得の差の絶対値 $|y_i - y_j|$ を，すべての貧困者 i と j について足し合わせてみる．つまり

$$\sum_{i \in Q(\mathbf{y},z)} \sum_{j \in Q(\mathbf{y},z)} |y_i - y_j|$$

を計算する．しかし，これでは $|y_i - y_j|$ と $|y_j - y_i|$ で同じ数字を 2 回足してしまっているので，全体を 2 で割る．さらに，格差を捉えるにあたって重要なのは所得の相対的な大きさであって，絶対的な大きさ自体には意味がないので，所得の総和 Y_p で割って基準化する．これは，所得の単位（円やドル）の取り方に値が左右されないようにする効果もある．さらに，格差を調べたいので，人数自体は本質的ではないため，総人数 $|Q(\mathbf{y}, z)|$ で割る．そうして得られるのが（貧困者）ジニ係数

$$G_p(\mathbf{y}, z) = \frac{1}{2Y_p|Q(\mathbf{y}, z)|} \sum_{i \in Q(\mathbf{y},z)} \sum_{j \in Q(\mathbf{y},z)} |y_i - y_j|$$

である．それぞれの所得の差 $|y_i - y_j|$ が大きいほど，つまり所得のばらつきが大きいほど，ジニ係数は 1 に近い値をとる．また，それぞれの所得差が小さくなるほど，ジニ係数は 0 に近い値をとる．全員の所得が同じ状況（完全平等分配）なら，$|y_i - y_j|$ はすべて 0 になるため，ジニ係数は 0 となる．ジニ係数に関するその他の性質は第 2 章で議論する．

セン・インデックス (1.1) は，貧困者の所得がすべて等しいとき，$G_p = 0$ となるので，

$$P^s(\mathbf{y}, z) = HI$$

となる．この HI は，『社会全体における貧困者の割合』×『貧困者の

平均的な所得乖離度』を表している．変形すると

$$HI = \frac{|Q(\mathbf{y},z)|}{n}\frac{1}{|Q(\mathbf{y},z)|}\sum_{i\in Q(\mathbf{y},z)}\frac{z-y_i}{z}$$
$$= \frac{1}{n}\sum_{i\in Q(\mathbf{y},z)}\left(1-\frac{y_i}{z}\right)$$

となる．この指標 HI は**貧困ギャップ率** (poverty gap ratio) と呼ばれる．

センは突然，P^s という見慣れない指標を思いついて，提案したわけではない.「単調性や移転原理を満たすためには，指標はどのような形でなければならないか」という思考の末に辿り着いたのだと考えられる．しかし，センは直接，単調性や移転原理を使って指標 P^s を公理化したわけではなく，より強い条件を使って,「それらの条件を満たす貧困指標は，P^s しか存在しない」ことを証明した．

実はセン・インデックス (1.1) は，貧困者の人数が非常に多いときに得られる近似値である．貧困者の人数が $q = |Q(\mathbf{y},z)|$ のときのセン・インデックスは以下のように定義される．

$$P^{s*}(\mathbf{y},z) = H\left[I + \frac{q}{q+1}(1-I)G_p\right]. \tag{1.2}$$

貧困者の人数 q が多いとき，$q/(q+1)$ がほぼ 1 になるため，(1.2) の値は (1.1) で近似できる．

それでは，センによる公理化を見ていこう．Sen (1976) はまず，次の貧困指標のクラスを考えた．

$$P(\mathbf{y},z) = A(\mathbf{y},z)\sum_{i\in Q(\mathbf{y},z)} v_i(\mathbf{y},z)(z-y_i) \tag{1.3}$$

この関数は，貧困線と所得とのギャップ $(z-y_i)$ に，何らかの重み

$v_i(\mathbf{y}, z) > 0$ を付けて足し合せたものを，係数 $A(\mathbf{y}, z) > 0$ で基準化[8]したものだ．この形になるのは，単に各貧困者の所得ギャップを足し合せるのではなく，重み v_i を付けて足し合せることによって，貧困層内の格差を捉えようとした結果であり，所得ギャップ率 I を改良しようという意図がある．これこそがセンのアイデアであり，移転原理を満たすように編み出された形である．また，式 (1.3) には，『P の値は貧困者所得のみで決定されるべきである』という暗黙の仮定も含まれている．この仮定は**焦点性**と呼ばれ，後続研究でも基本的な公理として扱われている．センは，この関数のクラス (1.3) の中で貧困指標の公理化を行った．かなり限定されたクラスのようにも見えるが，A と v_i に関する制限は正の実数であることのみであり，実は関数の領域をほとんど制限していない[9]．

センは，所得ギャップに対する重み $v_i(\mathbf{y}, z)$ がどのようなものであるべきかを考えた．記号づかいを簡単にするために，所得の大小関係について

$$y_1 \leq y_2 \leq \cdots \leq y_n$$

---

[8]基準化するのは，指標の値の大小関係だけでなく，大きさ自体にも意味を持たせるための工夫である．例えば，温度を摂氏で測るとき，（古典的には）標準状態における水の凝固点を 0 度，沸点を 100 度とするが，温度とは絶対零度からの距離に過ぎないから，大小関係さえ保持していれば，数字の割り振り方は何でも良いはずである．凝固点を -50 度，沸点を 50 度にしてもよいし，もちろん華氏で測ってもよい．だが温度の大きさ自体に意味を持たせたり，異なる温度を比較したりするためには，数字の割り振り方をひとつに固定する（＝基準化する）必要がある．摂氏の場合は『水の凝固点を 0 度，沸点を 100 度』と基準化している．人工的な指標の場合は，指標の値が [0, 1] 区間に収まるよう基準化することが多い．

[9]実際，式 (1.3) の限定は実はかなり緩く，ほとんど限定できていない．それが原因で Sen (1976) の公理化が成り立っていないことを Kawada (2017) が指摘している．例えば，$\sum_{i \in Q(\mathbf{y},z)} v_i(\mathbf{y}, z)(z - y_i) \neq 0$ のケースでは $A(\mathbf{y}, z) = \frac{f(\mathbf{y},z)}{\sum_{i \in Q(\mathbf{y},z)} v_i(\mathbf{y},z)(z-y_i)}$ としてしまえば，式 (1.3) の構造は完全に無視できて，$f(\mathbf{y}, z)$ という任意の正の実数関数だけが公理化の対象となる．Kawada (2017) はセンの証明の反例とセンの公理化を成り立たせるような関数のクラスの修正案を示している．

が成り立っている状況で説明する．直感的には，貧困者 i が所得分布 $\boldsymbol{y}$ のもとで得る厚生のレベル $W_i(\boldsymbol{y}, z)$ の大きさに応じて重みを付ける方法が考えられる．つまり

$$W_i(\boldsymbol{y}, z) \leq W_j(\boldsymbol{y}, z) \implies v_i(\boldsymbol{y}, z) \geq v_j(\boldsymbol{y}, z)$$

となるように，相対的に厚生の低い者（＝貧困による厚生損失の大きい者）ほど，相対的にウェイトを大きくして，優遇しようというわけだ．センはこの条件を**相対的公平性** (relative equity) と呼んでいる．さらにセンは,『所得の低い者ほど，厚生も低い』ことを仮定する．つまり，

$$y_i > y_j \implies W_i(\boldsymbol{y}, z) > W(\boldsymbol{y}, z)$$

を仮定する．ただし，基数的厚生までは仮定せず，あくまで所得の大小関係から厚生の相対的な順序付けが可能であることを仮定する．さて，所得と厚生の大小関係だけから，どのようにウェイトの大きさを決めればよいだろうか．ひとつの発想は，所得の順位そのものをウェイトにすることだ．つまり，所得が i 番目に低い個人 i へのウェイトを

$$v_i(\boldsymbol{y}, z) = q + 1 - i$$

とする方法が考えられる．一番所得の低い貧困者 1 さんへのウェイトは $v_1(\boldsymbol{y}, z) = q + 1 - 1 = q$ であり，貧困者の中でも最も裕福な貧困者 q さんへのウェイトは $v_q(\boldsymbol{y}, z) = q + 1 - q = 1$ となる．このようなウェイト付けは,『各個人が所得からどの程度の厚生を得るかはわからないが，その大小関係ならわかる』という仮定のもとでは，うまいやり方のひとつだろう．センはこのようなウェイトの付け方を**序数的ウェイト** (ordinal rank weight) と呼び，公理として要求する[10]．このように，大小関係しかわからず，差の大きさが全くわからない場合に

[10] Sen (1976) の論文名 “Poverty: An Ordinal Approach to Measurement” はこのウェイトの付け方に由来する．

は，その差をすべて一定とする方法は，ボルダによる加点方式の投票ルールの発想にも近い（Borda 1784）．このような重みづけには恣意性があるが，差の大きさについて何の根拠も持ち合わせていない場合には，何を正確に仮定しているかについて高い透明性をもたらすことができる．

次に，基準化の方法を考える．貧困者率 $H(\mathbf{y}, z) = q/n$ は，社会全体に貧困者がどれくらいいるかを測る指標だが，各貧困者の貧困の度合いについては，完全に無視してしまうという欠点があった．一方，所得ギャップ率 I は

$$I(\mathbf{y}, z) = \frac{1}{q} \sum_{i \in Q(\mathbf{y}, z)} \frac{z - y_i}{z}$$

であり，貧困者の貧困の度合いの平均値であった．つまり，貧困の度合いは測れるが，社会全体に貧困がどれくらい広がっているかについては完全に無視してしまう．そして，どちらの指標も，貧困層内における格差についてはうまく捉えることができないという欠陥があった．だが，裏を返せば，もし貧困層内の個人の所得がすべて同じで，格差が存在しなければ，貧困者率 H と所得ギャップ率 I を組み合わせることで，貧困のレベルを十分に測ることができるということだ．格差の問題が完全に無視できるならば，H で貧困の蔓延の度合いを測り，I で貧困の深さの程度を測ることができるので，$P = H \times I$ とすればよい．つまり，もし $y_1 = y_2 = \cdots = y_q$ ならば，

$$P(\mathbf{y}, z) = H(\mathbf{y}, z) \times I(\mathbf{y}, z)$$

となるよう，P の値を基準化しよう．センはこの条件を**基準化** (normalized poverty value) と呼んでいる．

最後に，関数 $A(\mathbf{y}, z)$ の動き方を制限しよう[11]．$A(\mathbf{y}, z)$ は基準化を行うためのスケール・ファクターに過ぎないため，社会全体の人数 n, 貧困者の人数 q, そして貧困線 z のみに依存すると仮定する．つまり，貧困線 z を所与として，任意の 2 つの所得プロファイル $\mathbf{y}, \mathbf{y}'$ について，もし

$$q(\mathbf{y}, z) = q(\mathbf{y}', z)$$

ならば，

$$A(\mathbf{y}, z) = A(\mathbf{y}', z)$$

であることを要求する．ただし，$q(\cdot, \cdot)$ は，所与の所得プロファイルと貧困線のもとでの，貧困者の人数である[12]．ここではこの条件を**係数制限** (restriction of scale factor) と呼ぶことにしよう．セン・インデックスは，次のような意味で望ましい指標である．

定理 1 (Sen 1976; Theorem 1)**.** 貧困指標のクラス (1.3) のなかで，(1.2) で定義されるセン・インデックス P^{s*} は，序数的ウェイト，基準化，そして係数制限を満たす唯一の貧困指標である．

証明. 任意の貧困線 $z \in \mathbb{R}$ と所得プロファイル $\mathbf{y} \in \mathbb{R}^n_+$ について考える．所得の大小関係について

$$y_1 \leq y_2 \leq \cdots \leq y_n$$

が成り立っているケースだけを考えても一般性を失わないため，この

[11] オリジナル論文である Sen (1976) では，A の動き方については何の仮定も課されておらず，その結果，彼の公理化は成り立っていない．脚注 9 も参照．

[12] このモデルでは，社会全体の人数 n と貧困線 z を外生変数としているため，「貧困者の人数 q が等しければ A が等しい」という条件で十分である．しかし A 自体は n と z にも依存するゆえ，ここでのニュアンスは「$n(\mathbf{y}) = n(\mathbf{y}')$, $q(\mathbf{y}, z) = q(\mathbf{y}'z')$, $z = z'$ ならば $A(\mathbf{y}, z) = A(\mathbf{y}'z')$ である」というものである．

ケースのみを考える．貧困者の人数を $q = |Q(\mathbf{y}, z)|$ とする．

式 (1.3) を満たす関数 P に 3 つの公理を要求すると，$P = P^{s*}$ が導かれることを示す．式 (1.3) より，

$$P(\mathbf{y}, z) = A(\mathbf{y}, z) \sum_{i \in Q(\mathbf{y}, z)} v_i(\mathbf{y}, z)(z - y_i)$$

と仮定する．まず序数的ウェイトより，$v_i(\mathbf{y}, z) = (q + 1 - i)$ となる．次に，基準化と係数制限より

$$A(\mathbf{y}, z) = \frac{2}{(q+1)nz} \tag{1.4}$$

が成り立つことを示す．まず，貧困者の所得がすべて同じケースを考える．つまり，ある $\bar{y}$ が存在して，$\bar{y} = y_1 = y_2 = \cdots = y_q$ と仮定する．このとき

$$\begin{aligned} P(\mathbf{y}, z) &= A(\mathbf{y}, z) \sum_{i=1}^{q} (z - \bar{y})(q + 1 - i) \\ &= A(\mathbf{y}, z) q (z - \bar{y}) \sum_{i=1}^{q} (q + 1 - i) \\ &= A(\mathbf{y}, z) q (z - \bar{y}) \frac{1}{2} q (q + 1) \end{aligned}$$

となる．基準化より，これが HI に等しいので

$$P(\mathbf{y}, z) = H(\mathbf{y}, z) \times I(\mathbf{y}, z) = \frac{q}{n} \times \frac{1}{q} q \frac{z - \bar{y}}{z} = \frac{q}{n} \frac{z - \bar{y}}{z}$$

となる．よって

$$A(\mathbf{y}, z) = \left(\frac{q}{n} \frac{z - \bar{y}}{z} \right) \Big/ \left(q (z - \bar{y}) \frac{1}{2} q (q + 1) \right)$$

$$= \frac{2}{(q+1)nz}$$

が得られる．係数制限より，たとえ貧困者の所得がすべて同じケースでなくとも，n と q さえ変わらなければ $A(\mathbf{y}, z) = \frac{2}{(q+1)nz}$ となる．よって，任意の $\mathbf{y}$ について (1.4) が成り立つ．まとめると，任意の $\mathbf{y} \in \mathbb{R}^n_+$ について

$$P(\mathbf{y}, z) = \frac{2}{(q+1)nz} \sum_{i \in Q(\mathbf{y}, z)} v_i(\mathbf{y}, z)(z - y_i) \tag{1.5}$$

となる．これが (1.2) と等しいことを示す．

貧困者のジニ係数をシンプルに

$$G_p = \frac{1}{2Y_p q} \sum_{i=1}^{q} \sum_{j=1}^{q} |y_i - y_j|$$

と書く．絶対値の定義より

$$|y_i - y_j| = \begin{cases} y_i + y_j - 2y_j & \text{if } \ y_i \geq y_j \\ y_i + y_j - 2y_i & \text{if } \ y_i \leq y_j \end{cases}$$

$$= \quad y_i + y_j - 2\min(y_i, y_j)$$

なので，

$$G_p = \frac{1}{2Y_p q} \sum_{i=1}^{q} \sum_{j=1}^{q} \big(y_i + y_j - 2\min(y_i, y_j)\big)$$

$$= \frac{1}{2Y_p q} \left(\sum_{i=1}^{q} \sum_{j=1}^{q} y_i + \sum_{i=1}^{q} \sum_{j=1}^{q} y_j - 2 \sum_{i=1}^{q} \sum_{j=1}^{q} \min(y_i, y_j) \right)$$

$$= \frac{1}{2Y_p q}\left(Y_p q + Y_p q - 2\sum_{i=1}^{q}\sum_{j=1}^{q}\min(y_i, y_j)\right)$$

$$= 1 - \frac{1}{Y_p q}\sum_{i=1}^{q}\sum_{j=1}^{q}\min(y_i, y_j)$$

$$= 1 - \frac{1}{Y_p q}\left(\sum_{i=1}^{q} 2y_i(q+1-i) - Y_p\right)$$

$$= 1 + \frac{1}{q} - \frac{2}{Y_p q}\sum_{i=1}^{q} y_i(q+1-i).$$

つまり，

$$A \equiv -\sum_{i=1}^{q} y_i(q+1-i) = \frac{Y_p q}{2}\left(G_p - \frac{q+1}{q}\right)$$

となる．また，

$$B \equiv \sum_{i=1}^{q} z(q+1-i) = \frac{1}{2} zq(q+1)$$

とすると

$$B + A = \sum_{i=1}^{q} z(q+1-i) - \sum_{i=1}^{q} y_i(q+1-i)$$

$$= \sum_{i=1}^{q} (z - y_i)(q+1-i)$$

$$= \frac{1}{2}\left[zq(q+1) + Y_p q\left(G_p - \frac{q+1}{q}\right)\right].$$

これを (1.5) に代入すると

$$
\begin{aligned}
P(\mathbf{y}, z) &= \frac{2}{(q+1)nz} \sum_{i=1}^{q} (z - y_i)(q + 1 - i) \\
&= \frac{2}{(q+1)nz}(B + A) \\
&= \frac{1}{(q+1)nz} \left[zq(q+1) + Y_p q \left(G_p - \frac{q+1}{q} \right) \right] \\
&= \frac{1}{(q+1)nz} zq(q+1) \left[1 + \frac{1}{zq(q+1)} Y_p q \left(G_p - \frac{q+1}{q} \right) \right] \\
&= \frac{q}{n} \left[1 + \frac{1}{z(q+1)} \sum_{i=1}^{q} y_i \left(G_p - \frac{q+1}{q} \right) \right] \\
&= \frac{q}{n} \left[1 + \frac{1}{zq} \sum_{i=1}^{q} \left(\frac{q}{q+1} G_p - 1 \right) \right] \\
&= H \left[1 + (1 - I) \left(\frac{q}{q+1} G_p - 1 \right) \right] \\
&= H \left[I + \frac{q}{q+1} (1 - I) G_p \right] \\
&= P^{s*}.
\end{aligned}
$$

よって $P = P^{s*}$ を示すことができた.

また，式 (1.5) は 3 つの公理を満たすので，P^{s*} も 3 つの公理を満たす. ■

最後に，P^{s*} が，本来のモチベーションであった単調性と移転原理を満たすことを確認しておこう.

命題 1.　セン・インデックス P^{s*} は，単調性と移転原理を満たす.

証明.　まず (1.5) の形で考えると

$$P^{s*}(\mathbf{y}, z) = \frac{2}{(q+1)nz} \sum_{i=1}^{q} (z - y_i)(q + 1 - i)$$

であった．$q+1-i$ は常に 1 以上の値をとるため，もし y_i が小さくなれば，$(z-y_i)(q+1-i)$ は大きくなる．よって P^{s*} は単調性を満たす．

次に，移転原理を満たすかどうかチェックする．(1.2) の形で考えると

$$P^{s*}(\mathbf{y}, z) = H\left[I + \frac{q}{q+1}(1-I)G_p\right]$$

であった．任意の貧困線以下の 2 人の個人 $i, j \in \{1, 2, \ldots, q\}\ (i < j)$ の間で，貧困線 z を上回らない範囲で所得移転をしても，I と H, および q は変わらない．しかし j が i からお金をもらうと，格差が拡大し，ジニ係数 G_p が増加する[13]．したがって P^{s*} は移転原理を満たす．

よって，セン・インデックス P^{s*} は単調性の公理と移転原理をどちらも満たす．■

センの研究は，多数の後続研究を生み出し，貧困指標の公理的分析というひとつの研究領域を形成した．次の節では，センに触発された研究によって生まれたさまざまな貧困指標の中でも，特に重要な指標である FGT インデックスについて論じる．

1.4　部分と全体の整合性–FGT インデックス

セン・インデックスは単調性と移転原理という，貧困指標にとって欠かせない条件を満たす．しかし，貧困の度合いを測るうえで，貧困

---

[13] 第 2.2 節を参照．

指標がぜひとも満たしてほしい条件がもうひとつある．それは，**部分グループ整合性** (subgroup consistency) と呼ばれる条件である．

政府や，貧困根絶を目的とする団体が行う貧困対策は，国内や地球上のすべての地域を対象に一挙に行われるわけではなく，一部の地域を対象にして効果を確かめながら，段階的に対象範囲を広げていくのが一般的だ．また，地域で区切るのではなく，年齢層や民族で区切って，特定の集団に対して貧困対策を行うこともよくある．金銭的にも時間的にも，まずは貧困が深刻な地域を重点的にケアしていくと考えるのが現実的であるし，そうした一部の地域や集団内の貧困を改善することが，世の中全体の貧困の改善につながると，私たちは考えている．しかし，貧困指標の選び方によっては，地域・集団レベルでは貧困の度合いが改善したにも関わらず，全体としては貧困の度合いが悪化してしまう，というパラドキシカルな状況を生み出すことがある．そのように，地域・集団レベルの貧困の度合いと全体レベルの貧困の度合いとの間に“整合性”がないような貧困指標を使ってしまうと，貧困根絶政策の評価や貧困の実態把握が非常に困難になるだろう．

例えば，所得ギャップ率

$$I(\mathbf{y}, z) = \frac{1}{q} \sum_{i \in Q(\mathbf{y}, z)} \frac{z - y_i}{z}$$

について考えてみよう．貧困線を $z = 10$ とし，地域 X の所得プロファイルを $\mathbf{x} = (1, 20)$, 地域 Y の所得プロファイルを $\mathbf{y} = (10, 10)$ とする．このとき，各地域の貧困の度合いと，二つの地域を合わせた全体の貧困の度合いは，それぞれ

$$I(\mathbf{x}, z) = \frac{1}{1} \frac{10 - 1}{10} = 0.9,$$

$$I(\mathbf{y}, z) = \frac{1}{2} \left(\frac{10 - 10}{10} + \frac{10 - 10}{10} \right) = 0,$$

$$I((\boldsymbol{x}, \boldsymbol{y}), z) = \frac{1}{3}\left(\frac{10-1}{10} + \frac{10-10}{10} + \frac{10-10}{10}\right) = 0.3$$

となる[14]．ここで地域 X の所得プロファイルが $\boldsymbol{x}' = (2, 2)$ になったとしよう．すると

$$I(\boldsymbol{x}', z) = \frac{1}{2}\left(\frac{10-2}{10} + \frac{10-2}{10}\right) = 0.8 < 0.9 = I(\boldsymbol{x}, z)$$

となるので，地域 X の貧困の度合いは改善したことになる．しかし全体の貧困レベルをみると

$$\begin{aligned} I((\boldsymbol{x}', \boldsymbol{y}), z) &= \frac{1}{4}\left(\frac{10-2}{10} + \frac{10-2}{10} + \frac{10-10}{10} + \frac{10-10}{10}\right) \\ &= 0.4 > 0.3 = I((\boldsymbol{x}, \boldsymbol{y}), z) \end{aligned}$$

となり，全体的な貧困の度合いは悪化していると評価してしまうのだ．すなわち，所得ギャップ率 I は，のちほど定義する**部分グループ整合性**という性質を満たさない．

部分グループ整合性を定義するために，貧困指標という関数を厳密に定義しよう．これまでは，人口を n に固定した社会を考えていたが，これからは一部の地域や集団レベルの貧困の度合いを測るために，可変的な人口モデル (variable population model) 上で考えていく．所得プロファイルのドメインを

$$\mathscr{D} = \bigcup_{n=1}^{\infty} \mathbb{R}_{+}^{n}$$

とする．所得プロファイル $\boldsymbol{y} \in \mathscr{D}$ に対応する人口を $n(\boldsymbol{y})$ で表す．つまり，$n(\boldsymbol{y})$ はベクトル $\boldsymbol{y}$ の次元の数である．所得プロファイル $\boldsymbol{y} \in \mathscr{D}$

[14] 関数 I のドメインは，異なる人口を持つ社会どうしの比較ができるよう，既に拡張されている．正確な定義はすぐ後に述べる．

における貧困者の集合を $Q(\boldsymbol{y}, z) = \{i \in \mathbb{N} : y_i \leq z\}$, 貧困者の人数を $q(\boldsymbol{y}, z) = |Q(\boldsymbol{y}, z)|$ とする．

貧困指標とは，任意の所得プロファイル $\boldsymbol{y} \in \mathscr{D}$ と所与の貧困線 $z \in \mathbb{R}_+$ に対して，貧困の度合い $P(\boldsymbol{y}, z) \in \mathbb{R}$ を決める関数

$$P : \mathscr{D} \times \mathbb{R}_+ \to \mathbb{R}$$

である．貧困指標をこのように定義しても，貧困者率やセン・インデックスはこれまで通り定義できる．例えば貧困者率 H と所得ギャップ率 I は

$$H(\boldsymbol{y}, z) = \frac{q(\boldsymbol{y}, z)}{n(\boldsymbol{y})}$$

$$I(\boldsymbol{y}, z) = \frac{1}{q(\boldsymbol{y}, z)} \sum_{i \in Q(\boldsymbol{y}, z)} \frac{z - y_i}{z}$$

と定義できる．単調性や移転原理の定義も同様に拡張できる．いま注目しているのは，次の条件である．

部分グループ整合性 (Subgroup consistency)． 地域レベルで貧困の度合いが改善したら，全体としても貧困の度合いは改善すべきである．
P is *subgroup consistent* if for any $\boldsymbol{x}, \boldsymbol{x}', \boldsymbol{y}, \boldsymbol{y}' \in \mathscr{D}$ with $n(\boldsymbol{x}) = n(\boldsymbol{x}')$ and $n(\boldsymbol{y}) = n(\boldsymbol{y}')$,

$$\left[P(\boldsymbol{x}, z) > P(\boldsymbol{x}', z) \text{ and } P(\boldsymbol{y}, z) = P(\boldsymbol{y}', z)\right]$$

$$\Longrightarrow P((\boldsymbol{x}, \boldsymbol{y}), z) > P((\boldsymbol{x}', \boldsymbol{y}'), z).$$

所得ギャップ率が部分グループ整合性を満たさないことはわかったが，実は，望ましいと思われたセン・インデックス P^{s*} も部分グループ整合性を満たさない．

例 1. **(セン・インデックスは部分グループ整合的ではない (Foster and Shorroks 1991)).** 貧困線を $z = 10$ とし，$\boldsymbol{x} = (1,9,9,9,20)$,$\boldsymbol{x}' = (4,5,9,10,20)$ とする．そして，2 つの地域が同じ所得プロファイルを持っている状況 $(\boldsymbol{x},\boldsymbol{x})$ と，一方の地域の所得が変化した状況 $(\boldsymbol{x}',\boldsymbol{x})$ とを比較する．まず，一部の地域の貧困の度合いを調べると

$$P^{s*}(\boldsymbol{x},z) = 0.36 < P^{s*}(\boldsymbol{x}',z) = 0.365$$

となっており，$\boldsymbol{x}$ から $\boldsymbol{x}'$ への変化によって一部の地域の貧困度合いは悪化する．しかし全体でみると

$$P^{s*}((\boldsymbol{x},\boldsymbol{x}),z) = 0.36 > P^{s*}((\boldsymbol{x}',\boldsymbol{x}),z) = 0.35$$

となっており，貧困の度合いは改善していると評価してしまう．よってセン・インデックスは部分グループ整合性を満たさないのである．◇

部分と全体との整合性は，貧困対策が地域ごとに行われる以上，ぜひとも満たしてほしい性質なので，私たちはセン・インデックス以外の指標の中から，望ましいものを見つけなければならない．実は，貧困者率 H は，部分グループ整合性を満たす．しかし，そもそも H は単調性や移転原理を満たさない粗雑な指標であった．では，どのような貧困指標であれば，部分グループ整合性を満たすのだろうか．

この問いに答えたのが，ジェイムズ・フォスター，ジョエル・グリアー，エリック・ソーベックらの論文である (Foster, Greer and Thorbecke 1984)．彼らは望ましい貧困指標のクラスを提案した．そのクラスに属する貧困指標は，彼らの名前の頭文字をとって，FGT インデックスと呼ばれている．**FGT インデックス** (FGT index) とは，所得プロファイル $\boldsymbol{y} \in \mathscr{D}$ と，パラメータ $\alpha \geq 0$ に対して

$$P_\alpha(\boldsymbol{y},z) = \frac{1}{n(\boldsymbol{y})} \sum_{i \in Q(\boldsymbol{y},z)} \left(1 - \frac{y_i}{z}\right)^\alpha \tag{1.6}$$

と定められる関数である．FGT インデックスはパラメータ α の選び方によって性質を大きく変える．例えば $\alpha = 0$ のケースを考えてみよう．このとき

$$
\begin{aligned}
P_0(\boldsymbol{y}, z) &= \frac{1}{n(\boldsymbol{y})} \sum_{i \in Q(\boldsymbol{y}, z)} \left(1 - \frac{y_i}{z}\right)^0 \\
&= \frac{1}{n(\boldsymbol{y})} \sum_{i \in Q(\boldsymbol{y}, z)} 1 \\
&= \frac{1}{n(\boldsymbol{y})} q(\boldsymbol{y}, z) \\
&= H(\boldsymbol{y}, z)
\end{aligned}
$$

となり，貧困者率に一致する．したがって，FGT インデックスは $\alpha = 0$ のときには，単調性や移転原理を満たさない．次に $\alpha = 1$ のケースを考えると，

$$
\begin{aligned}
P_1(\boldsymbol{y}, z) &= \frac{1}{n(\boldsymbol{y})} \sum_{i \in Q(\boldsymbol{y}, z)} \left(1 - \frac{y_i}{z}\right)^1 \\
&= \frac{1}{n(\boldsymbol{y})} \frac{q(\boldsymbol{y}, z)}{q(\boldsymbol{y}, z)} \sum_{i \in Q(\boldsymbol{y}, z)} \left(1 - \frac{y_i}{z}\right) \\
&= H(\boldsymbol{y}, z) I(\boldsymbol{y}, z)
\end{aligned}
$$

となる．これはセン・インデックスにおける，完全平等 $G_p = 0$ のケースと一致する．I は単調性は満たすが移転原理を満たさないので，FGT インデックスは $\alpha = 1$ のときは，単調性を満たすが，移転原理を満たさないことがわかる．しかし，$\alpha = 2$ のケースでは単調性も移転原理も満たす．というのも，$\alpha = 2$ のとき，

$$
P_\alpha(\boldsymbol{y}, z) = \frac{1}{n(\boldsymbol{y})} \sum_{i \in Q(\boldsymbol{y}, z)} \left(1 - \frac{y_i}{z}\right) \cdot \left(1 - \frac{y_i}{z}\right)
$$

と変形すると，各所得の基準化された所得ギャップ $\frac{z-y_i}{z}$ が，自身の大きさ $\frac{z-y_i}{z}$ でウェイトづけられて足し合わされていることがわかる．つまり，所得の低い人（＝所得ギャップが大きい人）ほど，大きなウェイトがつけられているのである．これはセンが与えた式(1.5)と全く同じ形である．よって，相対的に貧しい人の所得が t 減って（＝所得ギャップが t 増えて），相対的に裕福な人の所得が t 増えると（＝所得ギャップが t 減ると），全体としてインデックスの値はウェイトの差のぶんだけ増えることになる．

さらに次の条件を考えてみよう．所得移転に対して，貧困指標がより鋭敏に反応することを要求する条件で，**所得移転感応性** (transfer sensitivity) と呼ばれるものである (Kakwani 1977).

移転感応性 (Transfer sensitivity)． 相対的に裕福な貧困者がより貧しい者から搾取するとき，その貧しい者がより貧しいほど，その搾取はより"悪い"と評価されるべきである．
Consider any $\boldsymbol{y} \in \mathscr{D}$. If a transfer $t > 0$ takes place from a poor with income y_i to a poor with income $y_i + d$ $(d > 0)$, then $I((y_i - t, y_i + d + t, \boldsymbol{y}_{-i,j}), z) - I(\boldsymbol{y}, z)$ is decreasing with respect to y_i.

言葉で厳密に言えば：相対的に貧しい者の所得を y_i，相対的に裕福な者の所得を $y_i + d$ とする．つまり彼らの所得差は一定とする．貧しい者から裕福な者への所得移転によって貧困の度合いが上昇する大きさは，y_i が小さいほど，大きくなる．この条件は，移転原理よりも，さらに貧困層内の所得格差を重視する条件である．FGT インデックスは，$\alpha = 2$ のとき，所得移転感応性の公理は満たさない．なぜなら，所得移転が行われる両者の所得差が一定なら，ウェイトの差も一定だからである．だが，容易に，$\alpha > 2$ であれば，FGT インデックスが所得移転感応性をも満たすことがわかるだろう．

命題 2 (Foster, Greer, and Shorrocks 1984; Proposition 1). FGT インデックス P_α は，$\alpha > 0$ のとき単調性を満たす．$\alpha > 1$ のとき移転原理を満たす．$\alpha > 2$ のとき所得移転感応性をも満たす．

証明. 任意の $\mathbf{y} \in \mathscr{D}$ について考える．

単調性 $\alpha > 0$ のとき，$\left(\frac{z-y_i}{z}\right)^\alpha$ は，$y_i \leq z$ の範囲で y_i に関して厳密な減少関数である．つまり，y_i が減少すると，$\left(\frac{z-y_i}{z}\right)^\alpha$ は厳密に増加する．よって P_α は単調性を満たす．

移転原理 $\alpha > 1$ のケースを考える．

$$P_\alpha(\mathbf{y}, z) = \frac{1}{n(\mathbf{y})} \sum_{i \in Q(\mathbf{y}, z)} \left(1 - \frac{y_i}{z}\right)^{\alpha - 1} \cdot \left(1 - \frac{y_i}{z}\right)$$

と変形すると，$\alpha - 1 > 0$ なので，ウェイト $\left(1 - \frac{y_i}{z}\right)^{\alpha-1}$ は，$y_i \leq z$ の範囲で y_i について厳密な減少関数である．したがって，y_i が小さいほど大きなウェイトが付けられていることになる．よって，P_α は移転原理を満たす．

所得移転感応性 $\alpha > 2$ のケースを考える．同様に

$$P_\alpha(\mathbf{y}, z) = \frac{1}{n(\mathbf{y})} \sum_{i \in Q(\mathbf{y}, z)} \left(1 - \frac{y_i}{z}\right)^{\alpha - 1} \cdot \left(1 - \frac{y_i}{z}\right)$$

と変形すると，$\alpha - 1 > 1$ なので，ウェイト $\left(1 - \frac{y_i}{z}\right)^{\alpha-1}$ は，$y_i \leq z$ の範囲で y_i について厳密な減少関数かつ凹関数である．よって所得移転が行われる 2 人の間の所得差を一定とすると，ウェイトの差は相対的に貧しい者の所得が小さくなるほど，大

きくなる．よって，P_α は所得移転感応性を満たす．

■

パラメータ α は，貧困層内の所得格差を重視する度合いを表していると考えられる．つまり，α が大きくなるほど，貧困層内でも最も貧困な者の所得の変化を重視する指標となる．α が無限に近づくと，FGT インデックスはロールズ的な指標に近いものになる[15]．実務レベルでは，$\alpha = 2$ とした FGT_2 と呼ばれる指標が使われることが多い[16]．

この節における主要な関心は，部分と全体との整合性であった．実は，FGT インデックスは部分グループ整合性を満たす．なぜなら，FGT インデックスは足し算の形で分割可能だからである．詳しく説明しよう．任意の所得プロファイル $\boldsymbol{y} \in \mathscr{D}$ と，その任意の k グループの分割 $\boldsymbol{y} = (\boldsymbol{y}_{(1)}, \boldsymbol{y}_{(2)}, \ldots, \boldsymbol{y}_{(k)})$ を考える．ただし，$\sum_{j=1}^{k} n(\boldsymbol{y}_{(j)}) = n(\boldsymbol{y})$ である．すると，

$$P_\alpha(\boldsymbol{y}, z) = \sum_{j=1}^{k} \frac{n(\boldsymbol{y}_{(j)})}{n(\boldsymbol{y})} P_\alpha(\boldsymbol{y}_{(j)}, z) \tag{1.7}$$

の形に分割することができる．実際，任意の分割 $\boldsymbol{y} = (\boldsymbol{y}_{(1)}, \boldsymbol{y}_{(2)}, \ldots, \boldsymbol{y}_{(k)})$ に対して

$$\begin{aligned} P_\alpha(\boldsymbol{y}, z) &= \frac{1}{n(\boldsymbol{y})} \sum_{i \in Q(\boldsymbol{y}, z)} \left(1 - \frac{y_i}{z}\right) \\ &= \frac{1}{n(\boldsymbol{y})} \sum_{i \in Q(\boldsymbol{y}_{(1)}, z)} \left(1 - \frac{y_i}{z}\right) + \cdots + \frac{1}{n(\boldsymbol{y})} \sum_{i \in Q(\boldsymbol{y}_{(k)}, z)} \left(1 - \frac{y_i}{z}\right) \end{aligned}$$

---

[15] ロールズ的な指標とは $P(\boldsymbol{y}, z) = \min_{i \in Q(\boldsymbol{y}, z)}(y_i)$ である．つまり，最も貧しい者の所得の変化のみに反応する指標である．

[16] 例えば世界銀行のデータベースでは世界各国の FGT_2 の統計データを見ることができる（http://iresearch.worldbank.org/PovcalNet/）．

$$
\begin{aligned}
&= \frac{1}{n(\boldsymbol{y})}\frac{n(\boldsymbol{y}_{(1)})}{n(\boldsymbol{y}_{(1)})}\sum_{i\in Q(\boldsymbol{y}_{(1)},z)}\left(1-\frac{y_i}{z}\right)+\cdots \\
&\qquad\qquad \cdots+\frac{1}{n(\boldsymbol{y})}\frac{n(\boldsymbol{y}_{(k)})}{n(\boldsymbol{y}_{(k)})}\sum_{i\in Q(\boldsymbol{y}_{(k)},z)}\left(1-\frac{y_i}{z}\right) \\
&= \frac{n(\boldsymbol{y}_{(1)})}{n(\boldsymbol{y})}\frac{1}{n(\boldsymbol{y}_{(1)})}\sum_{i\in Q(\boldsymbol{y}_{(1)},z)}\left(1-\frac{y_i}{z}\right)+\cdots \\
&\qquad\qquad \cdots+\frac{n(\boldsymbol{y}_{(k)})}{n(\boldsymbol{y})}\frac{1}{n(\boldsymbol{y}_{(k)})}\sum_{i\in Q(\boldsymbol{y}_{(k)},z)}\left(1-\frac{y_i}{z}\right) \\
&= \frac{n(\boldsymbol{y}_{(1)})}{n(\boldsymbol{y})}P_\alpha(\boldsymbol{y}_{(1)},z)+\cdots+\frac{n(\boldsymbol{y}_{(k)})}{n(\boldsymbol{y})}P_\alpha(\boldsymbol{y}_{(1)},z) \\
&= \sum_{j=1}^{k}\frac{n(\boldsymbol{y}_{(j)})}{n(\boldsymbol{y})}P_\alpha(\boldsymbol{y}_{(j)},z)
\end{aligned}
$$

となる．こう書けば，

全体の貧困度 $=$（各グループの人数比）$\times$（各グループの貧困度）の和

となっていることがわかる．そして，単純な足し算なので，あるグループの貧困度が増加し，他のグループの貧困度が変わらないなら，全体としても貧困度が増加するとわかる．一般に，指標が和の形で分割できるとき，その指標は**分割可能** (decomposable) であるという．分割可能であれば必ず部分グループ整合性を満たす．

命題 3 (Foster, Greer, and Shorrocks 1984; Proposition 2)**.** FGT インデックスは，任意の $\alpha \geq 0$ について，**部分グループ整合性**を満たす．

1.5　公理化：望ましい貧困指標を特定する

本章の目的は，望ましい性質を持つ，性能のよい貧困指標を求めることであった．望ましい性質として，単調性の公理，移転原理，そして部分グループ整合性の公理を考えてきた．だが，国際機関や各国政府によって頻繁に用いられている貧困者率 H や所得ギャップ率 I は，単調性の公理や移転原理など，基本的な性質すら満たさないことがわかった．また，これらの従来の指標の欠点を補うものとしてセン・インデックスが考案されたが，これは部分グループ整合性を満たさないことがわかった．また，センの研究以降，多くの貧困指標が生み出されてきたが，その多くが部分グループ整合性を満たさないことが指摘されている[17]．では，どんな指標がこれら 3 つの条件を満たすかというと，そのひとつの答えは「$\alpha \geq 2$ のときの，FGT インデックス」であった．

しかし，問題はまだ残っている．これまでのような分析では，次の問いに答えることができないのである．

> FGT インデックスの性能が良いことはわかった．だが，他にも性能の良い指標はあるのではないか？なぜ FGT インデックスでなければならないのか？

このような問いに答えるための強力な方法が，公理化 (axiomatization) である．貧困指標という関数に，いくつかの条件を要求していき，その形を特定する手法である．ジェイムズ・フォスターとアンソニー・ショロックスは，部分グループ整合性といくつかの標準的な条件を満たす貧困指標のクラスを公理化した (Foster and Shorrocks 1991)．そし

[17] 部分グループ整合性を満たさない指標の例は，所得ギャップ率 I，セン・インデックス P^{S*}，および Blackorby and Donaldson (1980) や Chakravarty (1983b) が提案したクラスに含まれるすべての指標，Clark, Hemming, and Ulph (1981) が提案したひとつめの指標などである．

て，そのクラスに含まれるものは実質的にFGTインデックスや，それとかなり近い形の関数のみであることを証明した．

FGTインデックスには含まれないが，上記の3つの条件を満たす指標として，本章の「はじめに」で言及したワッツ・インデックスがある．ワッツ・インデックス P^w は

$$P^w(\boldsymbol{y},z)=\frac{1}{n(\boldsymbol{y})}\sum_{i\in Q(\boldsymbol{y},z)}\log\left(\frac{z}{y_i}\right)$$

と定義される．FGTインデックスと同様に，

$$\frac{1}{n(\boldsymbol{y})}\sum_{i\in Q(\boldsymbol{y},z)}\bigl(y_i\text{ についての非増加関数}\bigr) \tag{1.8}$$

という形になっているため，分割可能であり，部分グループ整合性を満たすことが容易にわかる．また，y_i についての減少関数であるため単調性を満たすこともわかる．少し変形すると

$$\begin{aligned}P^w(\boldsymbol{y},z)&=\frac{1}{n(\boldsymbol{y})}\sum_{i\in Q(\boldsymbol{y},z)}\log\left(\frac{z}{y_i}\right)\\&=\frac{1}{n(\boldsymbol{y})}\sum_{i\in Q(\boldsymbol{y},z)}(\log z-\log y_i)\\&=\frac{q(\boldsymbol{y},z)z}{n(\boldsymbol{y})}-\frac{1}{n(\boldsymbol{y})}\log\left(\prod_{i\in Q(\boldsymbol{y},z)}y_i\right)\end{aligned}$$

となるが，相加・相乗平均の関係より，$\sum_{i\in Q(\boldsymbol{y},z)}y_i$ を一定とすると $\prod_{i\in Q(\boldsymbol{y},z)}y_i$ が最大になるのは各 y_i がすべて等しいときのみで，ばらつきが大きいほど値が小さくなるため，移転原理を満たすことがわかる．ワッツ・インデックスの他にもChackravarty (1983a) など，3条件を満たす指標が提案されているが，実はどれも (1.8) の形で書けるので

ある．

フォスターらが示した公理化を理解するために，いくつかの定義を導入する．所得プロファイル $\boldsymbol{x} \in \mathscr{D}$ が $\boldsymbol{y} \in \mathscr{D}$ の**順列によって得られる**とは，集合 $\{1, 2, \ldots, n(\boldsymbol{y})\}$ 上の順列 π を使って個人の名前を入れ替えることで $\boldsymbol{x} = \boldsymbol{y}_{\pi(i)}$ とできることをいう．また，所得プロファイル $\boldsymbol{x} \in \mathscr{D}$ が $\boldsymbol{y} \in \mathscr{D}$ の**複製によって得られる**とは，$\boldsymbol{x} = (\boldsymbol{y}, \boldsymbol{y}, \ldots, \boldsymbol{y})$ というように，$\boldsymbol{y}$ をコピーすることで $\boldsymbol{x}$ が得られることをいう（このとき当然，何らかの自然数 k が存在して $n(\boldsymbol{x}) = kn(\boldsymbol{y})$ が成り立つ）．また，所得プロファイル $\boldsymbol{y} \in \mathscr{D}$ における貧困者 $j \in Q(\boldsymbol{y}, z)$ の所得 y_j を増加させて $y'_j\ (> y_j)$ にすることで得られるプロファイル $\boldsymbol{x} = (y'_j, \boldsymbol{y}_{-j})$ を，$\boldsymbol{y}$ の**貧困者の所得増加によって得られる**プロファイルと呼ぶ．同様に，所得プロファイル $\boldsymbol{y} \in \mathscr{D}$ における非貧困者 $j \in \{1, 2, \ldots, n(\boldsymbol{y})\} \setminus Q(\boldsymbol{y}, z)$ の所得 y_j を増加させて $y'_j\ (> y_j)$ にすることで得られるプロファイル $\boldsymbol{x} = (y'_j, \boldsymbol{y}_{-j})$ を，$\boldsymbol{y}$ の**非貧困者の所得増加によって得られる**プロファイルと呼ぶ．

これらの定義を使って，貧困指標が満たすべき標準的な 5 つの条件を列挙する．単調性については，より一般化された定義を述べる．

匿名性 (Anonymity) 貧困指標は，特定の個人を名前によって特別扱いしない．つまり $\boldsymbol{x}$ が $\boldsymbol{y}$ の順列によって得られるとき，$P(\boldsymbol{x}, z) = P(\boldsymbol{y}, z)$ である．

複製不変性 (Replication invariance) 貧困指標は，人口のスケールには依存しない．つまり $\boldsymbol{x}$ が $\boldsymbol{y}$ の複製によって得られるとき，$P(\boldsymbol{x}, z) = P(\boldsymbol{y}, z)$ である．

弱単調性 (Weak monotonicity) 貧困者の所得が増加したとき，貧困指標の値が増加することはない．つまり $\boldsymbol{x}$ が $\boldsymbol{y}$ の貧困者の所得増加によって得られるとき，$P(\boldsymbol{x}, z) \leq P(\boldsymbol{y}, z)$ となる．

焦点性 (Focus) 貧困指標の値は，貧困者の所得分布のみで決まるのであって，非貧困者の所得の影響を受けない．つまり $\boldsymbol{x}$ が $\boldsymbol{y}$ の非貧困者の所得増加によって得られたものなら，常に $P(\boldsymbol{x}, z) = P(\boldsymbol{y}, z)$ となる．

限定連続性 (Restricted continuity) 貧困指標の値は，貧困層内で所得プロファイルが少しだけ変化したとき大きくジャンプすることはない．つまり $P(\boldsymbol{x}, z)$ は $\{t \in \mathbb{R}_+ : t \leq z\}$ 上で各 x_i について連続関数である．

これら 5 つの条件は，貧困者率 H, 所得ギャップ率 I, セン・インデックス P^{s*}, すべての FGT インデックス，またここでは詳しく述べないが，その他のほとんどすべての貧困指標が満たすほど，弱い条件である．**匿名性**は，指標が個人の名前の付け方に依存しないことを要求する条件である．**複製不変性**は，指標が一人当たりの値となることを要求する条件であり，異なる人口どうしの比較を有意味にする効果がある．**弱単調性**は，前節で定義した単調性よりもかなり弱く，貧困者の所得が増加したときに貧困の度合いが上がらないことを要求するに過ぎない条件である．よって貧困者率 H もこれを満たすのである．**焦点性**は，これまで暗黙のうちに仮定してきた条件で，貧困の度合いは，貧困線より上にいる人の所得の影響を受けないことを要求するものである．いまは「相対的な貧困」ではなく，人間に必要な最小限の所得の不足という「絶対的な貧困」を問題にしているので，この条件は説得的であろう．また，**限定連続性**は，実際に指標の値を計算し，活用する際に必要な条件である．貧困度を算出しようとするとき，必ずしも私たちは各個人の正確な所得のデータを入手できるわけではない．近似的な値しか入手できなかったり，データが欠損していて推定しなければならなかったりすることは日常茶飯事だろう．よって，入手できる所得データは真の所得とは少しズレている可能性が高い．その場合，もし貧困指標が所得の変化について連続でないとすると，その少しのズレによって貧困指標の値が大きく変化してしまう可能性がある．連続性は，そのようなことがないよう，データの少しのズレに対して指標の値が少ししか（連続的にしか）変動しないようにする条件である．限定連続性は，貧困所得上だけの連続性を要求している．

これら 5 つの条件は貧困指標が満たすべき標準的な条件であり，また実際にほとんどの貧困指標がこれらを満たす．限定連続性よりも技術的扱いが容易な，$\mathbb{R}_+$ 上全域における**連続性**も考えよう．

連続性 (Continuity) 貧困指標の値は，所得プロファイルが少しだけ変化したとき大きくジャンプすることはない．つまり $P(\boldsymbol{x}, z)$ は $\mathbb{R}_+$ 上で各 x_i について連続関数である．

セン・インデックスや貧困者率は，貧困線 z において不連続なので，連続性を満たさないが，貧困線 z 上以外では連続的である．したがって，以下の分析では主に連続性を公理として要求するため貧困者率などは排除されるものの，連続性を限定連続性に弱めることで，貧困者率に関する命題も系として得ることができる．Foster and Shorrocks (1991) は，匿名性，複製不変性，弱単調性，焦点性，連続性に加え，部分グループ整合性を課し，それらをすべて満たす貧困指標のクラスを特定した．

定理 2 (Foster and Shorrocks 1991; Proposition 1)**.** 貧困指標 P が匿名性，複製不変性，弱単調性，焦点性，連続性，そして部分グループ整合性を満たすなら，P は

$$P(\boldsymbol{y}, z) = F\left[\frac{1}{n(\boldsymbol{y})}\sum_{i=1}^{n(\boldsymbol{y})}\phi(y_i)\right] \quad \forall \boldsymbol{y} \in \mathbb{R}_+ \tag{1.9}$$

という形を必ずとる[18]．ただし，$F : \phi(\mathbb{R}_+) \to \mathbb{R}$ は連続増加関数で，$\phi : \mathbb{R}_+ \times \mathbb{R}_+ \to \mathbb{R}$ はすべての $t \geq z$ に対して $\phi_z(t) = 0$ を満たす連続非増加関数である．また，P が (1.9) の形ならば，上記 6 つの公理をすべて満たす．

式 (1.9) で定められるクラスは，$\alpha > 0$ のときの FGT インデックスを含む．実際，F を恒等関数 $F : x \mapsto x$ として，

$$\phi = \left(1 - \frac{y_i}{z}\right)^{\alpha}$$

とすればよい．また，

$$\phi = \log\left(\frac{y_i}{z}\right)$$

とすればワッツ・インデックスになる．この定理は，分割可能 (decomposable) な貧困指標を使うことの正当性を与えてくれる．なぜなら，上記の条件を満たすすべての P は，結局

$$P^{\phi} = \frac{1}{n(\mathbf{y})} \sum_{i=1}^{n(\mathbf{y})} \phi(y_i)$$

としたとき

$$P = F(P^{\phi})$$

という形になり，分割可能な指標 P^{ϕ} の単調変換に過ぎないからである．この P^{ϕ} は**標準指標** (canonical index) と呼ばれる．

---

[18] ϕ は z に依存する関数であるため，ϕ_z または $\phi(y_i, z)$ という形で明示的に書く方が厳密である．しかし z は外生変数なので，原文に合わせて ϕ と書いても混乱の余地はないだろう．

式 (1.9) で定められる貧困指標がすべての公理を満たすことを簡単にチェックしよう．まず関数 F は，ただ単調変換を行う関数だから，実質的には何の役目も果たしていない．重要なのは F の中身である．関数 ϕ は非増加関数なので，弱単調性を満たす．また，$y_i \geq z$ のときには $\phi(y_i) = 0$ となるため，焦点性を満たす．さらに，各 ϕ が個人の名前 i に依存しないので，匿名性を満たし，人数 $n(\boldsymbol{y})$ で割っているので複製不変性を満たす．また，これらはすべて連続関数なので，当然のことながら連続性を満たす．最後に，F の中身が足し算の形で分割可能なので，F の中身は部分グループ整合的である．F はそれを単調変換するだけなので，P が部分グループ整合性を満たすとわかる．したがって，式 (1.9) で定められる貧困指標はすべての公理を満たすのである．逆に，いま述べた説明からもわかるように，これらの公理を要求すると，式 (1.9) の形が必然的に浮き上がってくるのである．

1.6　おわりに

貧困指標としてよく使われている貧困者率や所得ギャップ率は，それぞれ重要な指標ではあるものの，貧困の重要な側面を反映できない“粗雑な”指標である．貧困指標としての基本的な性質である単調性と移転原理を満たす指標として，セン・インデックスと FGT インデックスなどがある．だが，セン・インデックスは「部分と全体の整合性」を要求する条件である，部分グループ整合性を満たさない．フォスターとショロックスは，部分グループ整合性とその他の望ましい条件を満たすインデックスのクラスを特徴付けた．そのクラスに属す関数は，FGT インデックスの自然な一般化であり，実務レベルで FGT インデックスを使う理論的根拠を与えている．

本章および本書全体に重要な影響を与えているアマルティア・センの

研究は，貧困の分析や開発支援といった分野に留まらない．センの厚生経済学や社会的選択理論における研究にも関心のある読者には，センの業績に包括的な解説を与えている鈴村・後藤 (2001) を勧める．センの貧困研究について，日本語で読める主要な書籍としては Sen （1981; 黒崎卓・山崎幸治訳『貧困と飢饉』）と Sen (1997; 鈴村興太郎・須賀晃一訳『不平等の経済学』）がある．

第2章　格差と分断

2.1　はじめに

私たちは不平等な世界に生きている．2017年1月，格差や貧困問題に取り組む団体Oxfamは，『99%のための経済』と題された記事で，世界的な格差に関する調査結果を発表した．記事では，世界で最も裕福な8人の持つ資産の合計が，最も恵まれない下位50%の人々（約36億人）の資産総額とほぼ同じであったと述べている．アメリカ国内に限れば，最も裕福な3人（ビル・ゲイツ，ウォーレン・バフェット，ジェフ・ベゾス）の持つ資産の合計はアメリカの下位50%の人々（約1億6千万人）の資産総額を上回っていたという[19]．少数のお金持ちがどれほどの所得や資産を占有しているかを示す指標は，世界の不平等さを私たちにつきつける．

上位x%の人が全体の何%にあたるかを測る指標は，**上位x%占有率**と呼ばれる．上位x%占有率は，所得上位層への富の集中具合を測るためには有用な指標だが，中間層と低所得層の間の格差については何もいうことができない．例えば，社会に5人の個人しかいないとして，次の2つの所得分布$\boldsymbol{x}$と$\boldsymbol{y}$を見比べてみよう：

$$\boldsymbol{x} = (5, 10, 15, 20, 55),$$

[19]Institute for Policy Studies の記事 (http://www.ips-dc.org/report-billionaire-bonanza-2017/) より．

$$\boldsymbol{y} = (0, 5, 20, 20, 55).$$

どちらの分布も総所得は 100 で，上位 20%所得占有率（つまり最もお金持ちな個人の所得占有率）は 55%である．しかし中間層と低所得層の分布は大きく異なる．分布 $\boldsymbol{x}$ では下位 2 人もある程度の所得を持っているが，分布 $\boldsymbol{y}$ では所得が 0 と 5 となっている下位 2 名と所得が 20 の中間層の間にも格差が生じているように見える．実は，分布 $\boldsymbol{x}$ に対して，貧しい者から相対的に裕福な者への金銭移転を行うと分布 $\boldsymbol{y}$ が得られるが，上位 20%所得占有率という指標は，このような金銭移転に対して無反応なのである．つまり，上位 x%占有率という指標は，**移転原理**を満たすことができない．

移転原理 (Transfer principle)． 相対的に貧しい個人から相対的に裕福な個人への所得移転が行われたら，格差の度合いは上昇すべきである．また，相対的に裕福な個人から，相対的に貧しい個人へ，所得の順序を変えない範囲での所得移転[20]が行われたら，格差の度合いは低下すべきである．

移転原理を満たすような，社会全体の格差を測る指標として最も有名なものに**ジニ係数** (Gini coefficient) がある．本章の第一の目標は，ジニ係数の性質を分析し，それが性能の良い格差の指標であることを示すことである．第二の目標は，極端な格差のパターンである“分極化”の度合いを測る指標について，理論的な解説を与えることである．

---

[20]**ピグー・ドールトン移転** (Pigou–Dalton transfer) と呼ばれる．

2.2　基本的なモデルとジニ係数

社会にいる人々の集合を $N = \{1, 2, \ldots, n\}$ とし，彼らの所得を並べたもの（所得プロファイル）を $\boldsymbol{y} = (y_1, y_2, \ldots, y_n) \in \mathbb{R}^n_+$ とする．議論を単純化するために

$$y_1 \leq y_2 \leq \cdots \leq y_n$$

と仮定する．つまり，所得が低い順に人々に名前（番号）をつける（**ローレンツ順序**という）．例えば k さんは社会で k 番目に所得が低い人である．また，全個人の所得の和を扱うことが多いので，社会の所得の総和を

$$Y = y_1 + y_2 + \cdots + y_n$$

と書くことにする．不平等指標を，所得プロファイルから実数を与える関数 $I : \mathbb{R}^n_+ \to \mathbb{R}$ と定義する．主な目的は，さまざまな不平等指標の性質を分析することである．

ジニ係数は不平等指標のひとつで，

$$G(\boldsymbol{y}) = \frac{1}{2nY} \sum_{i \in N} \sum_{j \in N} |y_i - y_j|$$

と定義される[21]．ジニ係数とはすべての個人間の“格差”をすべて足し合せ，数値が 0 と 1 の間に収まるように基準化したものである．まず各個人の所得の差をすべて足し合せる：

$$\sum_{i \in N} \sum_{j \in N} |y_i - y_j|.$$

[21] ジニ係数は p. 8 でも定義したが，ここで扱うのは貧困者ジニ係数ではなく，社会全体のジニ係数である．だが，以下の説明を見てもわかるとおり，両者は基本的に全く同じである．

しかしこのままだと $|y_i - y_j|$ と $|y_i - y_j|$ という同じ計算を 2 回行っているので，全体を 2 で割る：

$$\frac{1}{2}\sum_{i\in N}\sum_{j\in N}|y_i - y_j|.$$

さらに，ここでは格差という相対的なものを測りたいので，総所得の大きさ Y に依存しないように Y で割り，一人当たりの値で比較するために人数 n で割る：

$$\frac{1}{2nY}\sum_{i\in N}\sum_{j\in N}|y_i - y_j|.$$

これがジニ係数である．

ジニ係数は，不平等度の指標としての基本的な性質を満たす．

- ジニ係数の値は常に [0, 1] 区間に収まり，値が小さいほど不平等度が低いことを，値が大きいほど不平等度が高いことを表す．
- すべての個人の所得が同じであるような社会状態，つまり完全平等が実現されているとき，ジニ係数は最小値 0 をとる．これは全員の所得が同じなら $|y_i - y_j|$ がすべて 0 になることからわかる．
- たった 1 人の個人に，社会全体の所得が集中していて，他の全員の所得が 0 のとき，つまりその社会における所得格差が最大であると考えられるとき，ジニ係数は最大値 $1 - \frac{1}{n}$ をとる．実際に

$$\boldsymbol{y} = (\underbrace{0, 0, \ldots, 0}_{n-1}, y_n)$$

という所得プロファイルのジニ係数を計算すると

$$G(\boldsymbol{y}) = \frac{1}{2nY}\sum_{i\in N}\sum_{j\in N}|y_i - y_j|$$

$$= \frac{1}{2ny_n} \times |y_n - 0| \times (n-1) \times 2$$

$$= \frac{n-1}{n} = 1 - \frac{1}{n}$$

となる．ひとつの国の不平等度を測る際には n は数百万から数億という規模になり，人数 n が大きくなると $1 - \frac{1}{n}$ はほぼ 1 になるため，ジニ係数の最大値は，ほぼ 1 とみなせる．

- お金の単位（円やドル）の取り方に依存しない．例えば，所得プロファイル $\boldsymbol{y}$ をドルで表記しても，それを約 100 倍した値[22] である円で表記しても，ジニ係数は変化しない．つまり，任意の所得プロファイル $\boldsymbol{y} \in \mathbb{R}^n_+$ と任意の正の実数 $\lambda > 0$ に対して

$$G(\lambda \boldsymbol{y}) = G(\boldsymbol{y})$$

が成り立つ．この性質は**規模に関する不変性** (scale invariance) と呼ばれる．

- 移転原理を満たす．つまり，貧しい者から裕福な者へ所得が移転されると，不平等度は上がる．逆に，裕福な者から貧しい者へ，その所得の順序を変えない範囲で所得移転を行うと，不平等度は下がる．例えば所得プロファイル

$$\boldsymbol{x} = (1, 4, 8)$$

において，個人 3 から個人 1 へ所得を 3 移転すると

$$\boldsymbol{x}' = (1+3, 4, 8-3) = (4, 4, 5)$$

となり，所得の分布がより平等になったように見える．実際，こ

[22] 2018 年 1 月時点.

のときジニ係数は小さくなっていて

$$G(\boldsymbol{x}) = \frac{1}{2 \times 3 \times 13}((4-1)+(8-1)+(8-4)) \times 2 = 0.36,$$

$$G(\boldsymbol{x}') = \frac{1}{2 \times 3 \times 13}((4-4)+(5-4)+(5-4)) \times 2 = 0.05$$

と計算できる.

このように，ジニ係数は非常に直感的な定義に基づくものでありながら，さまざまな望ましい性質を満たすのである.

さらに，ジニ係数はグラフを使って視覚的に理解することもできる．所得プロファイル $\boldsymbol{y} = (y_1, y_2, y_3, \ldots, y_n) \in \mathbb{R}^n_+$ について，i 番目に i 番目までの累積所得を並べたベクトルは

$$(y_1,\ y_1 + y_2,\ y_1 + y_2 + y_3,\ \ldots,\ y_1 + y_2 + y_3 + \cdots + y_n)$$

となる．これを総所得 Y で割ったもの

$$\left(\frac{y_1}{Y},\ \frac{y_1 + y_2}{Y},\ \frac{y_1 + y_2 + y_3}{Y},\ \ldots,\ \frac{y_1 + y_2 + y_3 + \cdots + y_n}{Y}\right)$$

を**累積所得比率プロファイル**と呼び，記号 $\tilde{\boldsymbol{y}}$ で表す．累積所得比率プロファイルの i 番目の値は，所得をローレンツ順序で並べたときの i 番目までの人々の所得の和が，総所得に占める比率を表している．例えば $\boldsymbol{y} = (1, 3, 4, 6, 6)$ ならば，$Y = 20$ なので

$$\tilde{\boldsymbol{y}} = (1/20, 4/20, 8/20, 14/20, 20/20)$$

である．そして，例えば $\tilde{y}_3 = 8/20 = 40(\%)$ ということは，3 人目までの累積所得が総所得の 40% を占めていることになる.

累積所得比率とジニ係数には深い関係がある．100 人からなる社会の所得プロファイル $\boldsymbol{y}$ について考えてみよう．所得分布は以下のようであった.

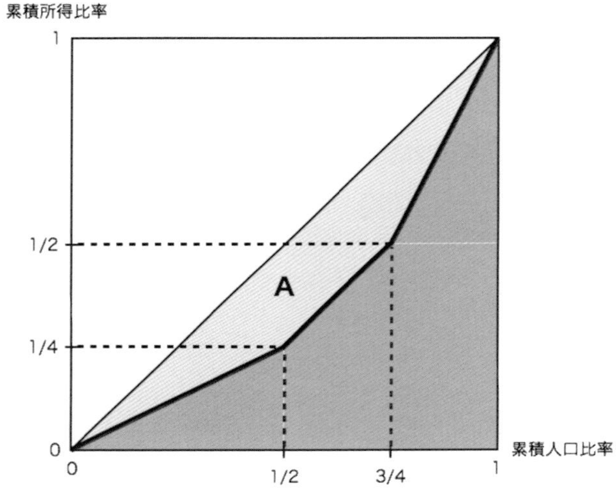

図 2.1　ジニ係数と累積所得比率

- 50 人の所得は 1,
- 25 人の所得は 2,
- 25 人の所得は 4.

この社会の総所得は $Y = 1 \times 50 + 2 \times 25 + 4 \times 25 = 200$ と計算できる．また，50 人目までが総人口に占める比率は $50/100 = 1/2$,75 人目までが総人口に占める比率は $75/100 = 3/4$, そして 100 人目までが総人口に占める比率は当然 1 である．したがって，総人口の 1/2 までの人々の累積所得比率は $1 \times 50/200 = 1/4$, 総人口の 3/4 までの人々の累積所得比率は $(1 \times 50 + 2 \times 25)/200 = 100/200 = 1/2$ となる．これらの計算をもとに，累積人口比率を横軸に，累積所得比率を縦軸にして両者の関係を図で表そう．

図 2.1 における太い折れ線が累積所得比率と累積人口比率の関係を示している．このように，累積所得比率と累積人口比率の関係を描いた曲線を**ローレンツ曲線** (Lorenz curve) と呼ぶ．原点 (0, 0) と (1, 1) を結ぶ 45 度線は，所得が完全平等分配されているときのローレンツ曲線

であり**均等分配線**と呼ばれる．実際，人口の x％までの人々にちょうど総所得の x％が分配されているときに，ローレンツ曲線は 45 度線になる．そして，少しでも格差がある場合，ローレンツ曲線は下方に膨らむことになり，格差の度合いが大きくなるほど，下方に大きく膨らむことが直感的にわかる．よって，この均等分配線とローレンツ曲線に挟まれた領域 A の面積を，不平等の大きさを表す指標として用いてはどうだろうか，という考えが浮かぶ．実は，この領域 A の面積を 2 倍すると，ジニ係数に一致するのである．この例で確かめてみよう．この分布のジニ係数は

$$G(\boldsymbol{y}) = G\left(\underbrace{1, 1, \ldots, 1}_{50\text{ 人}}, \underbrace{2, 2, \ldots, 2}_{25\text{ 人}}, \underbrace{4, 4, \ldots, 4}_{25\text{ 人}}\right)$$

$$= \frac{1}{2nY} \sum_{i=1}^{n} \sum_{j=1}^{n} |y_i - y_j|$$

$$= \frac{1}{2 \times 100 \times 200}(50 \times 25 \times |2 - 1| \times 2$$

$$+ 50 \times 25 \times |4 - 1| \times 2$$

$$+ 25 \times 25 \times |4 - 2| \times 2)$$

$$= \frac{5}{16}$$

となる．一方，領域 A の面積 $S(A)$ は，45 度線の下の領域全体（大きな直角二等辺三角形）からローレンツ曲線の下の部分をひくことで

$$S(A) = \frac{1}{2} - \left(\frac{1}{16} + \frac{3}{32} + \frac{3}{16}\right)$$

$$= \frac{5}{32}$$

と計算できる．そしてこれを 2 倍すると $\frac{5}{16}$ となり，

$$2S(A) = G(\boldsymbol{y})$$

という関係が得られる．この関係はもちろん，任意の所得分布について成り立つ．

命題 4.　ジニ係数の値は，ローレンツ曲線と 45 度線で囲まれた領域の面積を 2 倍したものに等しい．

ジニ係数は，直感的に定義されたシンプルな指標でありながら，いくつもの望ましい性質を満たし，しかも複雑な数式を使わずに，このようにグラフィカルにその定義を理解することができる指標なのである．

2.3　分極化の度合い–ER インデックス

私たちが格差を深刻な社会問題だと考えるとき，念頭に置いているのは，単なる不平等というよりは，極端な形の格差だろう．競争によってある程度の格差が生じるのは当たり前だが，中間層が薄くなり，所得の分布が二極化し，人々が“勝ち組と負け組”に分断されてしまうことには危機感を覚える．また，所得に限らず，政治や宗教における考え方が多様であることは望ましいと認識されることが多いが，二極化するのは避けるべきこととされる．市民の政治信条の極端な対立は民主的な政治運営の障害となり，宗派の対立はさまざまな紛争の原因になりうるからである．つまり，単にそれぞれの個人の所得や属性に差があること自体が問題なのではなく，分極化し，分断されてしまうことこそが深刻な問題だといえる．

それでは，分極化の度合いはどのように測ればよいのだろうか．『社会が分断されている』とか『人々の考え方が両極端に分かれ，分極化

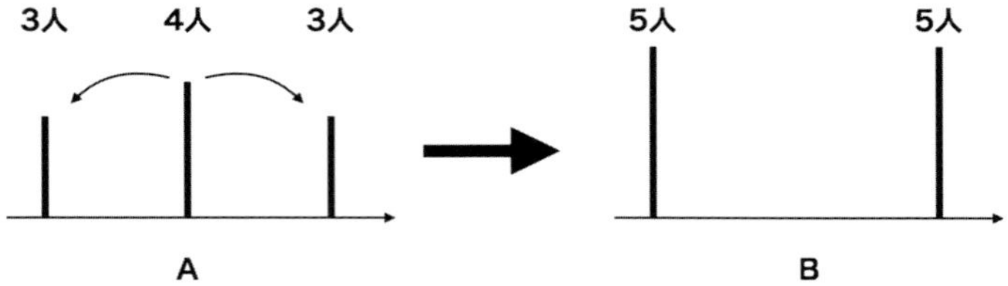

図 2.2　分極化の例

している』といったことがよく言われるし,『分極化』という概念は何となくわかる. しかし,『分極化の度合い』というものを数値化・見える化することは, 極めて難しい問題である[23].

この節では, 分極化の度合いを測る指標の数理的な分析を初めて行ったジョアン・エステバンとデブラジ・レイの論文『分極化の測定について』(Esteban and Ray 1994) に基づき, **分極化** (polarization) という概念の定式化と, その度合いを測る指標の公理化について考える. また, 彼らの論文の主定理には僅かな瑕疵があったため, その修正方法についても解説する.

2.3.1　分極化の特徴と不平等化との本質的な違い

まずは, いくつかの具体例を通じて, 分極化という概念を定式化するためのポイントを探っていこう. 分極化は宗教・宗派や政治信条などさまざまな次元で生じるが, ここでは所得分布の分極化を例として考察する. 次の図 2.2 に描かれた所得分布の変化は, 最も単純な分極化現象だと考えられる.

図 2.2 の所得分布 A には, 3 人の所得の低いグループ, 4 人の中間層のグループ, そして 3 人の所得の高いグループが存在しているが, B で

[23]例えば, 原初の時代から, 人間は何となく「温度」なるものを感じていたに違いない. ほとんどすべての言語において, 温かさや冷たさを表現する言葉は最も基本的な単語の例だろう. しかし, 温度を測定する技術—温度計—が発明されたのは 1600 年頃とされており, ガリレオ・ガリレイの登場を待たねばならなかった.

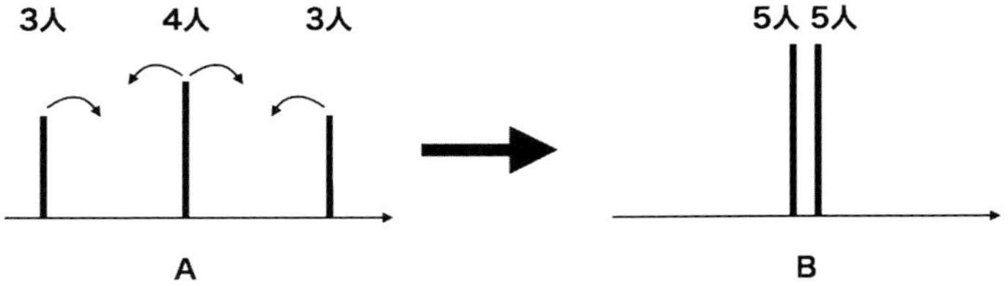

図 2.3　分極化には見えない例

は中間層が消え，所得の低いグループと高いグループに二極化している．分布の中央から左側では低所得者層と中間層の一部が合併し，**より類似性・同質性の高い**グループが形成されている．分布の中央から右側では中間層の一部と高所得者層の差が縮まり，こちらでもひとつの同質性の高いグループに収斂している．結果的に，この社会にはたった 2 種類のグループしか存在しなくなっている．

ここで，2 つのグループの間の差の大きさも，分極化の重要な要素のひとつであることに注意したい．例えば，次の似て非なる分布の変化を見てみよう．図 2.3B の 2 つのグループの間の距離は，図 2.2B のそれと比べてかなり近くなっている（図に座標は加えていないが，そのように解釈してもらいたい）．これは，所得の低い層と所得の高い層が中央に寄った形で，一極化と呼べるものであり，むしろ分極化の度合いは低下している．つまり，**グループ間の異質性（距離）**も，分極化現象を特徴づける重要な要素と考えられる．

分極化という現象の特徴を，**「類似する集団内の同質性が高まること」**と**「異なる集団間の異質性が高まること」**の 2 つの側面で捉えるアイデアは，新しいものではない．エステバンとレイは，カール・マルクスこそが分極化のこのような特徴を初めて指摘した社会科学者のひとりであったと述べ，階級闘争について解説した Deutsch (1971) の一説を引用している．

闘争が進むにつれて，社会全体は 2 つの巨大な敵対す

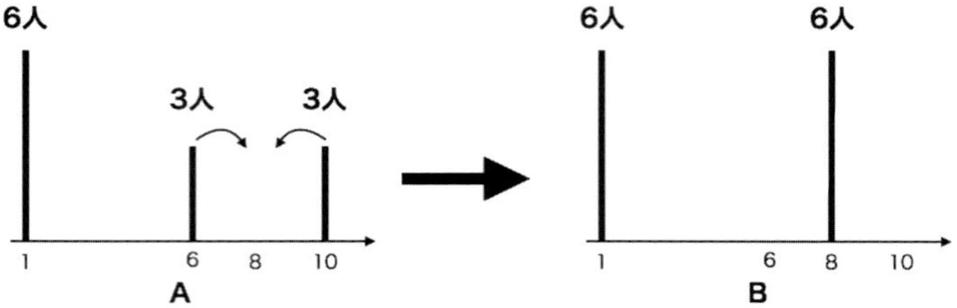

図 2.4　分極化と平等化の違い

る集団—ブルジョワジーとプロレタリアート—に分裂し，**分極化**していく．すなわち，各集団の内部で同質性が高まり，異なる集団どうしの差異はより先鋭化していく (Deutsch 1971, p. 44)[24].

ここにはまさに，分極化を 2 つの要素で捉えようとする思考が表れている．分極化と不平等化の違いを見るために，次の所得分布の変化について考えてみよう．

図 2.4 は，高所得者層から中間層への所得移転による分布の変化を表している．所得が 10 の人々から 2 だけ税金をとり，それを所得 6 のグループに分配しており，結果として所得 8 のグループが形成されている．このような，所得の大小関係を逆転させない範囲での，所得の高い人から低い人への所得移転を**ピグー・ドールトン移転** (Pigou-Dalton transfer) と呼ぶ．ピグー・ドールトン移転は不平等を解消するための最も基本的な方法であるため，望ましいと考えられるありとあらゆる不平等の指標は，ピグー・ドールトン移転によって指標の値が低下するように作られている．だが，分極化の観点から見ると，この変化によって所得の分極化はより進んでいると考えられる．所得 6 のグルー

[24]意味を変えない範囲で文章を単純化して訳した．原文は，"As the struggle proceeds, 'the whole society breaks up more and more into two hostile camps, two great, directly antagonistic classes: bourgeoisie and proletariat.' The classes *polarize*, so that they become internally more homogeneous and more and more sharply distinguished from one another in wealth and power" である．

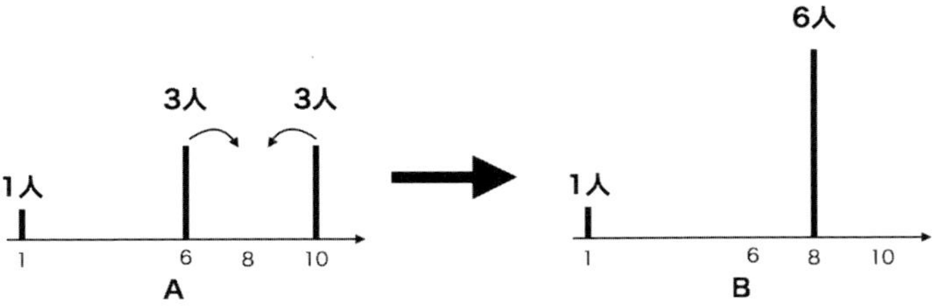

図 2.5　分極化には見えない例

プと 10 のグループが全く同質的なひとつの集団を形成し，中間層が消滅し，社会には大きく異なる二種類の所得階層だけが存在するようになってしまっている．つまり，ピグー・ドールトン移転により，不平等度は低下するにもかかわらず，分極化の度合いは高まっている．分極化は，不平等化の特殊ケースのようにも思えるが，実は両者は本質的に異なる側面を有しているのである．

さらに分極化の特徴を掴むために，次の分布の変化について考える．図 2.5 と 2.4 の違いは,「所得 1 のグループの規模が小さいか大きいか」という点だけだが，印象は大きく異なる．図 2.5 では所得 1 のグループの存在感が薄く，むしろ右側で分裂していた 2 つのグループ間の対立が解消されたことで，この社会における分極化の度合いは低下したように見える．つまり，たとえ分布が 2 つのグループに分かれたとしても，一方のグループの規模がもう一方に比べて非常に小さければ，分極化したとは言い難い．つまり，規模の小さな集団は，分極化の度合いに与える影響もとても小さい，ということだ．

これらの考察からわかることは，分極化は不平等化と異なり，ピグー・ドールトン移転のような局所的な分布の操作だけではうまく特徴づけられないということである．分極化は大域的で複雑な現象であって，移転原理のようなシンプルな公理を用意することは困難に思える．だがエステバンとレイは，これまでに見た分布の変化の例から分極化現象の本質を抽出し,「分極化の指標が満たすべき性質」を提示し，分極化の指標の公理化に取り組んだ.

2.3.2 モデルと公理

人々の**属性** (attribute) の集合を $\mathbb{R}$ とする. 属性とは所得や思想の傾向を示す数値であり, 一次元の実数空間上に分布していると考える. ここでは最もスタンダードな例として, 所得 (あるいは所得を自然対数で変換したもの) を表すとする. 単純化のために, 所得は連続的に分布しているのではなく, 有限個のグループに分かれて離散的に分布していると仮定する[25]. グループの数を n 個としたとき, 各グループに所属する人々の人数を書き並べたベクトルを

$$\boldsymbol{\pi} = (\pi_1, \pi_2, \ldots, \pi_n) \in \mathbb{R}^n_{++}$$

で表す. また, 各グループの所得を書き並べたベクトルを

$$\boldsymbol{y} = (y_1, y_2, \ldots, y_n) \in \mathbb{R}^n$$

で表す. ここで考える**分布**とは, これらのペア

$$(\boldsymbol{\pi}, \boldsymbol{y}) = ((\pi_1, \pi_2, \ldots, \pi_n), (y_1, y_2, \ldots, y_n))$$

のことで, 分布の集合は

$$\mathcal{D} = \bigcup_{n=1}^{\infty} \mathbb{R}^n_{++} \times \left\{ \boldsymbol{y} \in \mathbb{R}^n : \ y_i \neq y_j \text{ for all distinct } i, j \in \{1, \ldots, n\} \right\}$$

となる. 分布 $(\boldsymbol{\pi}, \boldsymbol{y}) \in \mathcal{D}$ の総人口は $\sum_{i=1}^n \pi_i$ で与えられる. このように設定することで, グループの数 n が有限であるような, ありとあらゆる形の分布を考えることができる.

[25] 数学的な言い方をすれば, 分布は有限個の support しか持っていないということである.

分極化の指標とは分布から実数への関数であり

$$P:\mathcal{D}\to\mathbb{R}$$

と定式化できる．彼らは次の関数のクラスに着目した．

$$P(\boldsymbol{\pi},\boldsymbol{y})=\sum_{i=1}^{n}\sum_{j=1}^{n}\pi_i\pi_j T(I(\pi_i),a(|y_i-y_j|)). \tag{2.1}$$

ここで，もし

$$T(I(\pi_i),a(|y_i-y_j|))=|y_i-y_j|$$

であれば，P は（基準化していない）ジニ係数に一致する．人々の所得の差をすべて足し合わせているだけの指標である．つまりエステバンとレイは，最も基本的な不平等指数であるジニ係数を一般化したものを出発点として，分極化の度合いを測る指数を公理化しようと考えたのである．

さて，関数 T とその中身について説明しよう．まず関数 I は *identification function* と呼ばれるもので,「小さな類似したグループが合併して同質的で大きなグループが形成されると，分極化の度合いが高まる」という特徴を捉えるための関数である．ここでいう identification は「一体感」や「仲間意識」を意味する．関数 I は，グループの人数に関する増加関数だと考えられるが，ここではそれを仮定せず，あとで公理によって導出される．ここでは人数 p について連続であることと，正の人数 $p>0$ について $I(p)>0$ のみを仮定する．

次に，関数 a は *alienation function* と呼ばれるもので,「グループ間の差が大きくなるほど，分極化の度合いが高まる」という特徴を捉えるための関数である．alienation は「疎外感」や「孤立感」を意味する．関数 a はグループ間の距離 $|y_i-y_j|$ についての連続・非減少関数で，$a(0)=0$ と仮定する．

そして T は *effective antagonism* と呼ばれるもので，グループ間の対立の度合いを表す関数である．antagonism とは，「敵意」や「敵対心」という意味である[26]．つまり

$$T(I(\pi_i), a(|y_i - y_j|))$$

t は，グループ i から見た時の，グループ j との対立の度合いを表している．$P(\cdot, a)$ は a に関する厳密な増加関数であり，$P(0, \cdot) = 0$ と $P(\cdot, 0) = 0$ を仮定する[27]．

最後に，分布の形状を変えずに人口を $\lambda > 0$ 倍しても，指標の値の大小関係が変わらないことを仮定する．つまり，人口の規模に関する不変性を基本的な条件として課す．

複製不変性． 二つの分布 $(\boldsymbol{\pi}, \mathbf{y}), (\boldsymbol{\pi}', \mathbf{y}') \in \mathscr{D}$ について，もし

$$P(\boldsymbol{\pi}, \mathbf{y}) \geq P(\boldsymbol{\pi}', \mathbf{y}')$$

ならば，任意の $\lambda > 0$ について

$$P(\lambda\boldsymbol{\pi}, \mathbf{y}) \geq P(\lambda\boldsymbol{\pi}', \mathbf{y}')$$

が成り立つ．

式 (2.1) は分極化の指標 P の形状をかなり限定しているが，関数 T 自体の一般性は極めて高い．エステバンとレイは，T の形状を特定するために，次の 3 つの公理を考えた．

---

[26] エステバンとレイは随所で分極化が紛争の原因になりうる点を強調しており，その問題意識が antagonism という語を選択させたと考えられる．分極化や格差が紛争と結びついていることを理論的に分析した論文に Esteban and Ray (2011) がある．

[27] $P(0, \cdot) = 0$ は Esteban and Ray (1994) では仮定されていないが，その後の公理化のために仮定する必要がある．

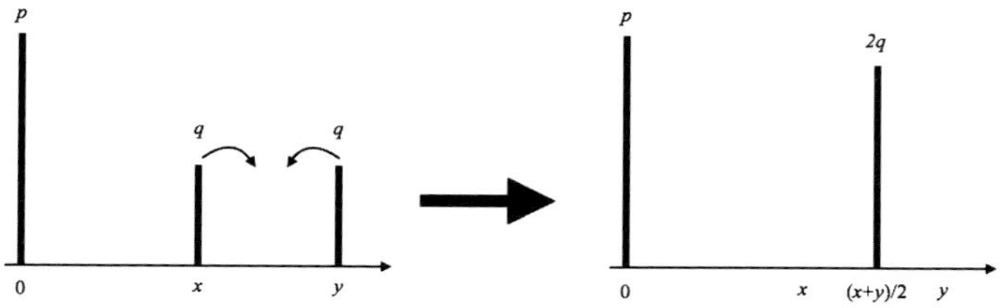

図 2.6　分極化の公理 1

分極化の公理 1.　図 2.6 で描かれているように，所得 0 で人口 p の巨大なグループが存在する状況において，右の方にある所得の近い 2 つのグループが合併すると，分極化の度合いは上昇する．ただし，変数の厳密な依存関係は次の数式を参照してほしい．

For any $p > 0$ and $x > 0$, there exist $\varepsilon > 0$ and $\mu > 0$ such that, for any $y > x$ and $q < p$ with $y - x < \varepsilon$ and $0 < q < \mu p$,

$$P\left((p, q, q), (0, x, y)\right) < P\left((p, 2q), \left(0, \frac{x+y}{2}\right)\right).$$

左端にあるグループの人口 p が q と比べて大きくなければならない理由は，前節の図 2.4 と図 2.5 を比較で考察した通りである．また x と y の近さも重要で,「類似したグループの同質性が増し，均質化すると分極化の度合いが増す」という分極化の特徴を表現している[28].

分極化の公理 2.　図 2.7 で描かれているように，左端に人口 p の巨大なグループがあり，右端に相対的に小さな人口 $r < p$ のグループが存在する状況において，右端により近い位置にある所得 x のグループが

[28] 数式の表記がやや独特なので補足しておくと，不等式の左辺

$$P\left((p, q, q), (0, x, y)\right)$$

とは，分布 $(\boldsymbol{\pi}, \mathbf{y}) = ((p, q, q), (0, x, y))$ における分極化の度合いである．この分布は「所得 0 のグループの人口が p 人，所得 x のグループの人口が q 人，所得 y のグループの人口が q 人」という状況を表している．

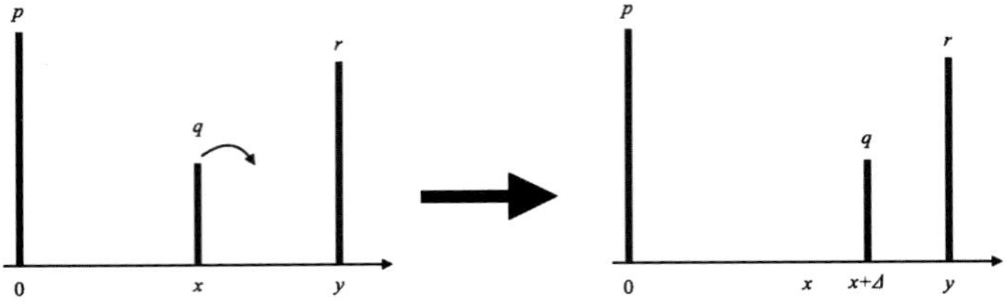

図 2.7　分極化の公理 2

図 2.8　分極化の公理 3

さらに右に近づくと，分極化の度合いは上昇する．
For any $p, q, r > 0$ with $p > r$, any $x, y > 0$ with $|y - x| < x < y$, and any $\Delta \in (0, y - x)$,

$$P\left((p, q, r), (0, x, y)\right) < P\left((p, q, r), (0, x + \Delta, y)\right).$$

この公理の意味するところも明らかだろう．類似するグループの同質性が高まり，距離の遠いグループ間の距離がさらに開くことで，分極化の度合いが上昇することを要求している．

分極化の公理 3.　図 2.8 で描かれているように，中間層が薄くなり，両端にあるグループに吸収されると，分極化の度合いは上昇する．
For any $p, q > 0$, $x > 0$, and $\Delta \in (0, q/2)$,

$$P\left((p, q, p), (0, x, 2x)\right) < P\left((p + \Delta, q - 2\Delta, p + \Delta), (0, x, 2x)\right).$$

公理 3 は，まさに中間層の希薄化によって分極化の度合いが上昇することを要求するものであり，分極化の指標が当然満たすべき条件だと考えられる．

これらの公理はいずれも特殊な所得分布のもとで定式化されているが，これは分極化という現象が不平等化とは異なり，移転原理のようなシンプルな公理で特徴づけられないからである．一つひとつの条件はやや複雑ではあるものの，その意味するところを考えれば，強い説得性を持つことがわかるだろう．

エステバンとレイは，これら 3 つの公理を満たす唯一の指標のクラスを特定したと主張した．つまり，私たちがこれら 3 つの公理を，分極化の指標が最低限満たすべき条件だと考えるならば，私たちは次の式で定義される指標を使うべきだ，ということになる．

主張 1 (Esteban and Ray 1994, Theorem 1)**.** 分極化の指標 P が式 (2.1) の形で書けると仮定する．指標 P が分極化の公理 1,2,3 と複製不変性を満たすならば，ある定数 $K > 0$ と $\alpha \in (0, \alpha*]$ が存在して

$$P^*(\boldsymbol{\pi}, \mathbf{y}) = K \sum_{i=1}^{n} \sum_{j=1}^{n} \pi_i^{1+\alpha} \pi_j |y_i - y_j| \tag{2.2}$$

という形で書ける[29]．逆に，P^* は式 (2.1) に含まれる関数であり，公理 1,2,3 と複製不変性をすべて満たす．

式 (3) で定義されている分極化の指標を **ER インデックス** (ER index) と呼ぶことにしよう．ER インデックスは，式 (2.1) における T を

$$T(I(\pi_i), a(|y_i - y_j|)) = \pi_i^{\alpha} |y_i - y_j|$$

としたものである．ジニ係数では $\alpha = 0$ だったが，ER インデックスでは $\alpha = 1$ などもとりうるということだ．すると π_i^2 を計算すること

[29] 定数 α の上限 $\alpha*$ は，ある最適化問題の解として定められる定数であり $\alpha* \fallingdotseq 1.6$ である．詳しくは Esteban and Ray (1994) の式 (2) とそれに続く議論を参照されたい．

になるので，小さなグループが指標の値に与える影響は非常に小さく，大きなグループが指標の値に与える影響は非常に大きくなる．この性質は，図 2.4 と図 2.5 の比較を通して考察した分極化現象の特徴と一致する．

2.3.3 分極化指標の特徴づけ定理の反例と修正

エステバンとレイは，分極化という，これまで多くの人が認識していたにも関わらず，誰もうまく測ることができなかった現象の測り方を鮮やかに提示した．だが，そこにはひとつ問題があった．エステバンとレイの議論には僅かな瑕疵があり，彼らの主張は厳密には成立しないのである．つまり，彼らが課したすべての条件を満たすが，ER インデックスではないものが存在するのである．ER インデックスに関する後続研究は 1,700 件以上[30] にも及び，実証分析にも用いられているが，公理化が成り立っていないということは，ER インデックスを用いなければならないという根拠が失われたことになる．本節の目標は，主張 1 に対する反例を示し，かつその修正案を与えた Kawada, Nakamura, and Sunada (2018) に沿って，ER インデックスを用いる根拠を回復させることである．

まずは主張 1 に対する反例を確認しよう．任意の実数 $c > 0$ と $A' > A > 0$ を満たす実数 A, A' を固定し，関数 $\hat{f} : \mathbb{R}_+ \to \mathbb{R}_+$ を以下のように定義する．

$$\hat{f}(\delta) = \begin{cases} A\delta & \text{if } \delta < c, \\ A'\delta - (A' - A)c & \text{if } \delta \geq c. \end{cases}$$

この $\hat{f}$ はグループ間の距離を測る関数で，δ はグループ間の距離を表していると考えてもらいたい．関数 $\hat{f}$ は傾き A で線形に上昇した

[30] 2017 年 12 月時点の Google Scholar で記録されている引用件数．

のち，点 c で上に折れ曲がり，傾きが A' になっている．つまり，$\hat{f}$ は距離に関して**区分線形関数** (piecewise linear function) である．したがって $\hat{f}$ は凸関数でもあることにも注意されたい．実は，次の命題が成り立つ．

命題 5 (主張 1 への反例).　式 (2.1) の形をとる貧困指標 $\hat{P}:\mathscr{D}\to\mathbb{R}_+$ を

$$\hat{P}(\boldsymbol{\pi},\boldsymbol{y})=\sum_{i=1}^{n}\sum_{j=1}^{n}\pi_i^{1+\alpha}\pi_j\hat{f}(|y_i-y_j|), \tag{2.3}$$

と定義する．ただし $\alpha\in(0,\alpha^*]$ である．すると $\hat{P}$ は公理 1,2,3 と複製不変性を満たすが，式 (3) を満たさない．つまり，$\hat{P}$ は ER インデックスではないが分極化の公理をすべて満足する．

ER インデックスはグループ間の距離 δ について線形だが，式 (2.3) では距離に関して区分線形である．当然，これらの指標は分布の集合上に異なる順序を与えうる．さらに，このような反例は無数に作ることができる．反例となる指標の集合は，増加凸関数の集合内で稠密であるほどだ[31]．したがって，エステバンとレイの公理化はほとんど成り立っていないということだ．

エステバンとレイの証明のどこに問題があったのだろうか．彼らは

[31] まず，

$$F=\{\hat{f}:\mathbb{R}_+\to\mathbb{R}_+\mid \hat{f}\text{ は凸関数，厳密増加，非線形かつ区分線形，および }\hat{f}(0)=0.\}$$

とすると，任意の $\hat{f}\in F$ について，式 (2.3) はすべての公理を満たすが，ER インデックスではないことが示せる．また，

$$G=\{g:\mathbb{R}_+\to\mathbb{R}_+\mid g\text{ は凸関数，厳密増加，および }g(0)=0.\}$$

とすると，一般的な距離関数に対して，F は G において稠密 (dense) である．つまり，二つの関数の距離を測る関数を $\rho(f,g)=\sup_{x\in\mathbb{R}_+}|f(x)-g(x)|$ などとすると，任意の $g\in G$ と任意の $\varepsilon>0$ に対して $\hat{f}\in F$ が存在して，$\rho(\hat{f},g)<\varepsilon$ とできる．

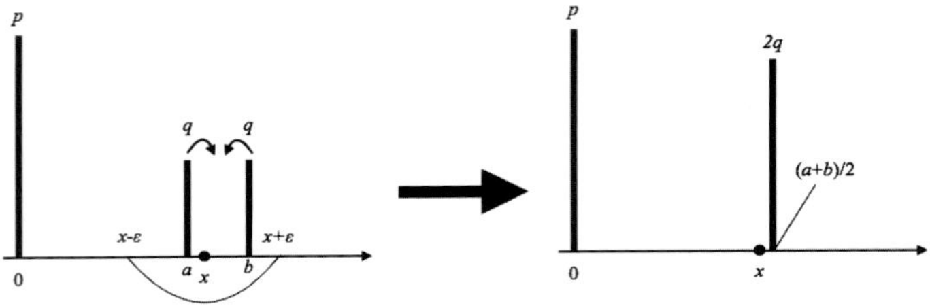

図 2.9　分極化の公理 4

公理 1 から「P は凹関数でなければならない」(Eesteban and Ray 1994, p. 835) という結論を導いているが，関数 $\hat{f}$ は上に曲がる区分線形関数であるため，凸関数である．したがって，公理 1 を使っている部分に問題があると推測できる．そして実際，公理 1 を適切に修正することで，ER インデックスを公理化できる．

公理を修正する際に大切なことは，分極化という現象の本質を捉えようとしたエステバンとレイの精神を引き継ぐことだ．条件を強めすぎたり，テクニカルな条件を加えたりすることによって，分極化の特徴を捉えた公理とはいえなくなってしまっては，元も子もない．Kawada, Nakamura, and Sunada (2018) は，オリジナルの公理 1 の精神を変えないまま，エステバンとレイの主張をうまく成立させる次の公理を考えた．

分極化の公理 4.　図 2.9 に描かれているように，所得 0 で人口 p の巨大なグループが存在する状況において，右の方にある所得の近い 2 つのグループが合併すると，分極化の度合いは上昇する．

Fix $p > 0$ and $x > 0$, there exist $\varepsilon > 0$ and $\mu > 0$ such that for any $a, b \in B(x, \varepsilon)$ and $q < p$ with $0 < q < \mu p$,[32]

$$P\left((p, q, q), (0, a, b)\right) < P\left((p, 2q), \left(0, \frac{a+b}{2}\right)\right).$$

[32] なお，$B(x, \varepsilon) = \{z \in \mathbb{R}_+ : \delta(x, z) < \varepsilon\}$ は x を中心とする ε ボールである．

公理 1 と公理 4 の唯一の違いは，「右の方にある所得の近い 2 つのグループ」の座標の取り方である．公理 4 を用いると，P が距離に関して凹関数であると導くことができ，あとはエステバンとレイの証明の他の部分に沿えば，ER インデックスを無事に公理化できる．

定理 3.　分極化の指標 P が式 (2.1) の形で書けると仮定する．指標 P が分極化の公理 2,3,4 と複製不変性を満たすならば，ある定数 $K > 0$ と $\alpha \in (0, \alpha*]$ が存在して

$$P^*(\boldsymbol{\pi}, \boldsymbol{y}) = K \sum_{i=1}^{n} \sum_{j=1}^{n} \pi_i^{1+\alpha} \pi_j |y_i - y_j|$$

という形で書ける．逆に，P^* は式 (2.1) に含まれる関数であり，公理 2,3,4 と複製不変性をすべて満たす．

2.4　おわりに

シンプルでありながら，いくつもの望ましい性質を満たす不平等の指標としてジニ係数を紹介した．また，本章の後半では分極化の度合いを測る指標の公理化に取り組んだ Esteban and Ray (1994) の研究を解説した．彼らはジニ係数を一般化した関数のクラスに着目し，分極化という現象の特徴を捉えた公理を定式化し，望ましい分極化の指標の形状を絞り込もうとした．だが，彼らの公理 1 の定式化には問題があり，公理化は成り立っていなかった．本章の最後にその問題を指摘し，公理と定理の修正案を与えた．

第3章　多次元の評価

3.1　はじめに

1980年代，発展途上国の開発支援を計画するにあたって，何を目的として開発支援を行うべきか，という問題が論争の的になった．どの指標を政策目標とするべきか，どの指標の値を大きくすれば開発支援が成功したことになるのかが，問題にされたのである．もちろん，増加すべき指標の第一候補は，GDP（国内総生産）やGNI（国民総所得）などの金額ベースの指標だ．GDPの成長率は経済成長率とも呼ばれ，一国の豊かさや発展の度合いを表す指標として広く認知されている．GNIに関しても，「人々の所得の合計がどれくらい増えたか」という基準は非常にわかりやすい．GDPやGNIでひとつの国の豊かさや発展の度合いを評価することは，いわば当たり前のようにも感じられる．

しかし，そこに異議を唱え，GDPやGNIで社会の豊かさを測ることを痛烈に批判したのが，第1章にも登場したアマルティア・センだった．センが "Commodities and Capabilities" (Sen 1985) で展開した**ケイパビリティ・アプローチ** (capbility approach) と呼ばれる理論的枠組みは，人間生活と社会の豊かさに対する考え方に新たな光を当て，厚生経済学や開発支援の在り方を大きく変えた．

ケイパビリティ・アプローチに刺激され，その考え方を組み入れるべく考案された指標は数多くあるが，それらに共通するひとつの特徴は，何かを**多次元で評価する** (multidimensional evaluation) 点である．例えば，GDP は国内で生産された金銭的な付加価値の総計なので，1 次元的な指標の典型例だが，GDP に代わる指標として考案された**人間開発指数** (human development index, HDI) は所得，教育，健康に関する複数の指標を総合的に評価する，多次元的な指標である．また，第 1 章で考察した貧困指標はどれも，所得という 1 次元の情報のみを拠り所としていたが，近年は就学率，飲み水の入手環境，感染症への対策度，栄養状態 (BMI) や下水施設の整備度など，多様な観点から貧困を測定する取り組みが多数行われている．

評価する次元が多様化したことで，「なぜそのような指標を使わなければならないのか，その指標を用いる理論的正当性はどこにあるのか」といった問題はより複雑になった．本章では，HDI と多次元貧困指標を中心に，多次元の指標の理論的正当性について分析する．HDI は 2010 年にその指標の計算方法が変更されたが，その変更に理論的正当性を与えた Kawada, Nakamura, and Otani (2018) の最新の研究成果を紹介する．また，多次元の貧困研究に重大な影響を与えたアルカイア＝フォスターの方法について解説し，望ましい多次元貧困指標について考察する．

3.2　ケイパビリティ・アプローチ

1990 年代以降，さまざまな多次元の指標が開発され，実務レベルでも用いられるようになってきた．その潮流が巻き起こるきっかけを与えたのは，アマルティア・センが提唱したケイパビリティ・アプローチである．ケイパビリティ・アプローチは，それまでの厚生経済学や開発経済学の基盤を揺るがした構想だが，その本質は非常に直感的でシンプルである．"Development as Capability Expansion" (Sen 1989) を主軸に，ケイパビリティ・アプローチについてコンパクトな解説を与

表3.1　1985年のデータ

	一人あたり GNP	出生時平均余命
中国	310	69
ブラジル	1, 640	65
南アフリカ	2, 010	55
メキシコ	2, 080	67
オマーン	6, 730	54

えよう.

1. 手段と目的を混同してはならない.　手段 (means) と目的 (ends) を区別することは，あらゆる物事を成すうえで勘案すべき重要な原則である．途上国の開発支援など，国家規模のプロジェクトを計画する際には，なおさら重要だ．しかしセンは，従来の開発支援計画は，手段と目的について根本的な混同 (foundational confusion) をしていると，厳しく批判する.

従来の開発支援は，お金をベースとした経済指標の増加を目的としていた．だが，お金はそれ自体に価値があるわけではない．お金を増やすことは，決して目的ではなく，何かを成すための手段に過ぎない．もちろん，お金がなければ，できることは限られる．だが，お金がたくさんあったとしても，健康な肉体や，教育を受ける機会が少なければ，やはりあまり多くのことは成し遂げられない．センが当時感じていたであろう問題意識は，1985年の一人あたり GNP と出生時平均余命を比較したデータに如実に表れている（表3.1）[33].

当時のブラジルは中国の5倍以上の一人あたり GNP を稼いでいた国だったが，ブラジルでは中国よりも人々が長く生きることは難しかっ

[33] Sen (1989) から抜粋．元データは World Development Report 1987.

たようだ．また南アフリカは中国の6倍以上も，経済的な意味では豊かな国だったが，平均余命は恐ろしく短かった．同様の比較は，メキシコとオマーンについても行うことができる．ひとつの国が，経済的・物質的な意味では豊かであっても，人々の生活の質の観点からは非常に貧しい，ということがありえるのだ．

ここから導き出せるひとつの教訓は，金銭や物質的な豊かさは，人間の生活を改善する手段のひとつに過ぎないが，手段のひとつとしても，極めて不十分である，ということだ．だが，従来の開発支援政策や経済政策は，物質的側面や金銭面ばかりを評価しており，手段と目的を混同している，というのがセンの批判なのである．それでは，何を評価し，何を目的とすればよいのだろうか．

2. 主観的判断をベースとするのは不十分である．　伝統的な経済学は効用の最大化が好きである．あるいは，パレート効率性を追求することが大好きである．効率性以外のさまざまな判断基準も，基本的には効用や選好関係のみに基づき，定式化される．効用に限らず，喜びや幸福感など，個々人の主観的な判断をベースとして，社会の豊かさを評価することは，もしそれが可能であれば，強い説得力を持つだろう．

しかしセンは，個人の主観的判断のみに基づいた評価は，その人が実際に置かれている“剥奪状況”を反映していない可能性があるという点で，不十分だと指摘した．例えば，客観的には貧困状態に置かれている人でも，あまりに長い間貧困状態が続き，その状態に慣れてしまうと，自分の置かれている状況を普通だと思わされてしまうことは十分に考えられる．しかも，過酷な状況では，ほんの些細な幸運であっても，その人にとっては大きな喜びと満足感を与えるものだ．『鎖に繋がれた奴隷はすべてを失くしてしまう．自由になりたいという欲望さえも』とはジャン=ジャック・ルソー『社会契約論』の有名な一説だが，そのような自由を求めない“幸福な”奴隷たちの主観的判断に基づいて奴隷たちの生活の質を評価することは，明らかにナンセンスだ．あるいは，十分な教育を受けられなかったために文字が読めない人々や，自分の住む社会の外ではどのような生活が普通なのか，といった情報へのアクセスが制限されている人々は，自らが置かれた状況を適切に判断できないだろう．このように，個人の主観的判断は，個人が置かれている状況の絶対的な水準に関する情報を含まないため，それのみを基準として政策評価を行うことはできない．

3. 同じ財でも，人それぞれ，できることは異なる．　人間の生活とは，『であること』と『すること』(beings and doings) の束である．そうであれば，人間の生活の質を評価する基準は，人間が『何になれるか』と『何ができるか』(to be able to be and to do) であると，センは考えた．したがって，開発支援計画は，人々がなれるものや，できることを増やすことを目標としなければならない．

同じ財であっても，人がそれを使って何ができるかは，その人の能力によりさまざまである．例えば，自転車を使うことで人々は遠くまで移動できるようになったり，足腰を鍛えたりできる．一般的には，それが自転車という財の特性だといえる．だが，足の不自由な人は，自転車のその特性を引き出すことはできない．そのような人にとっては，自転車は工芸品の一種であって，鑑賞すべき対象以上の意味を持たないかもしれない．また，同じ食べ物であっても，健康な人と，消化器官に障害があり栄養を吸収しにくい人とでは，その財から得られる栄養分は大きく異なる．よって，財の配分のみに注目していては，人々が実際に何ができるか，何になれるかまでは扱うことができない．

つまり，従来の経済学は，財の特性に着目してきたが，大事なのは財それ自体ではなく，財を使って何かを成し遂げるための，人間の**潜在能力** (capabilities) なのである．センは，途上国の開発支援政策や社会の発展を目的とした政策は，人々の潜在能力の拡大を目的として行うべきだと主張した.

4. 行為の良さ，ではなく，選択の自由が大事. 潜在能力とは，人々が多様な生き方の中から，自らの生き方を自らの意思で選択し，達成できるかどうか，という人生の選択の自由を反映した概念である．なぜ，センは直接的に「状態が良いか，行為が良いか」を判断基準にせずに,「何になれるか，何ができるか」を判断基準にしたのだろうか.

例えば，貧困状態で食べ物がないために飢餓状態にある人と，社会的なメッセージを表明するためや，何らかの信仰に基づいて自発的に断食し，飢餓状態にある人を比較してみよう．両者の「達成した物質的・栄養的な状態」＝**機能** (functionings) は全く同じだとしても,「何が選択できるか」＝潜在能力という点は全く異なる．自発的に断食を行っている者はその意思さえ持てば食べるという選択も可能だが，極貧状態にある者は，そもそも何かを食べるという選択肢を持っていない．したがって,「結果的に達成した機能」では，人間の生活の質を測ることはできない．だが,「どのような機能の達成を選択できるか」という自由＝潜在能力に着目すれば，その違いを峻別できる．センは，潜在能力こそが，人間の生活の質を測る際の説得的な基準になりうると考えたのである.

以上が，ケイパビリティ・アプローチ（の一部）のあらましである．この考え方が，GDP や GNP など，お金の量のみで測る指標に代わる，新たな指標の作成を動機付けた．それらの中でも最も有名な指標がHDIである.

3.3　人間開発指数

人間開発指数 (HDI) とは，1990 年にパキスタン出身の経済学者マブーブル・ハック (Mahbub ul Haq) が，アマルティア・センの協力を得て開発した指標であり，所得，健康，教育に関する指標を組み合わせた多次元的指標である．国連機関のひとつである国連開発計画 (United Nations Development Programme) は，1990 年以降継続して 188 カ国の HDI を算出している．所得の側面は一人あたり GNI, 健康の側面は人々の出生時の平均余命，教育の側面は平均就業年数と出生時の期待就業年数を組み合わせたもので，それぞれ測られる．

HDI はケイパビリティ・アプローチに触発されて開発された指標だが，センは当初 HDI に対して批判的であった．例えば彼は，複雑な現実社会と潜在能力との関係を HDI というシンプルな指標で表現できるとは考えていなかったし，潜在能力を評価する項目を限定し，固定化することは難しいと考えていた．実際のところ，所得や平均余命や平均就業年数が個人の潜在能力を評価するための重要な要素であることは間違いないものの，それらだけで個人の潜在能力を十分に評価できるわけではないだろう．

また，HDI は 2010 年に一度改定されたが，1990 年に作成された当時は，各次元の指標を足し合わせてその平均を取る方法で計算されていた．つまり，

$$HDI^{old} = \frac{Income + Health + Education}{3}$$

という計算式で算出されていたが，ここにも強い批判が寄せられた[34]．各次元の指標の値は無次元（単位なし）で，[0, 1] 区間に収まるように基準化されているものの，それぞれの値を素朴に足し合わせて平均をとってもよいのかどうか，そこにどのような理論的正当性があるのか，全く明らかではないからだ．とはいえ，これらの問題はあるものの，HDI は開発政策を計画・評価するうえで，参考となる有用な指標

[34]2010 年以前の教育面に関する指標は，成人識字率と就業率をもとに算出されていた．

表 3.2　チリとマレーシアの比較 (Human Development Report 2015)

	チリ	マレーシア
一人あたり GNI (PPP $)	21, 290	22, 762
出生時平均余命	81.7	74.7
出生時期待就業年数	15.2	12.7
平均就業年数	9.8	10.0
HDI	0.832	0.779

として用いることができる．例えばマレーシアとチリのデータを比較した次の表をみてみよう（表 3.2）．

チリとマレーシアは，同じくらいの国民総所得を稼ぎ出している国である．しかし，マレーシアにおける人生は，チリにおけるそれよりも平均して 7 年ほども短いようだ．また，教育を受けられる期間も，チリに比べてマレーシアのほうが少し短い傾向にあるようだ．結果的に HDI はチリのほうがマレーシアよりもかなり大きくなっている．

このような結果は，各国の政府が選択すべき政策の方向性を決めるためのガイドとして使われている．つまり,「なぜマレーシア人は，チリ人と同じくらい稼げているのに，チリ人ほど長く生きられないのか？」といった問いを通して，金銭的・物質的な豊かさだけではなく，人間の生活の質を改善する政策を選択するように，各国の政府に促すことができるのである．この HDI の機能についてのマブーブル・ハック自身の考えは,『たったひとつでいい．ただ，GNP ほど人間生活に無理解でない尺度が必要なんだ.』という一言に集約されていると言えよう[35].

[35]国連開発計画による一般向けの記事『人間開発ってなに？』より．http://www.undp.or.jp/hdr/publications/pdf/whats_hd200509.pdf

3.3.1　2010 年の改定

さて，HDI の定義は 2010 年に一度改定されたと述べた．最も大きな変更点は，計算方式が足し算型から掛け算型になった点である．つまり 2010 年以前は

$$HDI^{old} = \frac{Income + Health + Education}{3}$$

という定義だったが，2010 年以降は

$$HDI^{new} = (Income \times Health \times Education)^{\frac{1}{3}}$$

という定義になった．

このような変更が行われた一番の理由は，足し算型では，異なる次元どうしがあまりに容易に代替されてしまうからである．例えば，

$$(income, health, education) = (1, 0.1, 1)$$

というデータが与えられた場合を考える．つまり，この社会の所得と教育の次元は最高レベルだが，健康に関しては最悪のレベルで，人々の一生は非常に短い．この社会における足し算型の HDI と掛け算型の HDI の値をそれぞれ計算すると

$$HDI^{old}(0.1, 1, 1) = \frac{2.1}{3} = 0.7$$

$$HDI^{new}(0.1, 1, 1) = (0.1)^{\frac{1}{3}} \fallingdotseq 0.46$$

となる．足し算型では 0.7 と高い値が出るが，掛け算型では 0.46 という低い値が出る．たとえ健康のレベルが低くとも，足し算型で計算したときに HDI が高くなるのは，所得と教育のレベルの高さが，健康のレベルの低さをカバーしているからである．だが，所得がどれほど高くとも，教育年数がどれだけ長くとも，それで命の短さをカバーすることはできないだろう．所得と教育年数と寿命は，それぞれ代替的で

はないからである．そもそも，ケイパビリティ・アプローチにおいて評価される次元は，それぞれが異なる潜在能力に関わるものなので，その一つひとつが内在的な価値を持ち，相互には還元されないはずである．だが，足し算型ではそれらがあまりに簡単に還元されてしまう．

一方，掛け算型では，掛け算であるがゆえに，ひとつでも低い値があると，結果もかなり低くなる．この性質は，個々の次元を尊重するケイパビリティ・アプローチの考え方と相性が良いといえる．では，このようなふわっとした理由ではなく，厳密に HDI^{new} を用いるべき理由はあるのだろうか．先述した通り，HDI は政府の意思決定にも影響を及ぼす指標である．その指標が恣意的に決められていては，政策目標として使うことはできないだろう．本節では，HDI の計算方法が HDI^{new} でなければならない理由を考察する．すなわち，HDI^{new} の公理的特徴付けを与える．

3.3.2 人間開発指数の公理化

個人の集合を $N = \{1, 2, \ldots, n\}$ とし，評価する次元の集合を $K = \{1, 2, \ldots, k\}$ とする．HDI においては，$K = \{income, health, education\}$ である．各個人 $i \in N$ と各次元 $j \in K$ について，$y_{ij} \in [0, 1]$ を，個人 i の次元 j における**達成度** (achievement) と呼ぶ．次元 $j \in K$ における各個人の達成度を並べたベクトルを

$$\boldsymbol{y}_j = \begin{pmatrix} y_{1j} \\ y_{2j} \\ \vdots \\ y_{nj} \end{pmatrix} \in [0, 1]^n$$

と表す．これをすべての次元について並べた行列が社会状態で，

$$Y = (\boldsymbol{y}_1, \boldsymbol{y}_2, \ldots, \boldsymbol{y}_k) = \begin{pmatrix} y_{11} & y_{12} & \cdots & y_{1k} \\ \vdots & \vdots & \ddots & \vdots \\ y_{n1} & y_{n2} & \cdots & y_{nk} \end{pmatrix} \in \Omega \equiv [0, 1]^{nk}$$

と表す．指標とは社会状態を示すデータから実数を与える連続な関数 $I : \Omega \to \mathbb{R}$ であり，$I(Y)$ がデータ Y の評価値である．

2010 年の HDI の改定に重大な影響を与えたカルメン・ヘレーロ，リカード・マルティネス，アントニオ・ヴィラ―による論文に基づき，HDI が満たすべき性質を考察する (Herrero, Martínez, and Villar 2010)．まず，次の 4 つの標準的な条件を要求しよう．

単調性 (Monotonicity) すべての個人のすべての達成度が上昇したら，指標の値も上昇すべきである．

すなわち，任意のデータ $X, Y \in \Omega$ について，もし $X \gg Y$ ならば，$I(X) > I(Y)$ が成り立つ[36]．

対称性 (Symmetry) 各次元は対等に尊重されるべきであり，指標の値は次元の名前に依存しない．

すなわち，任意のデータ $Y \in \Omega$ と任意の次元 K の要素を並べ替える関数 $\pi : K \to K$ について，$I\big(\pi(Y)\big) = I(Y)$ が成り立つ．

基準化 (Normalization) すべての達成度が最高レベルであるような社会状態では，指標の値は 1 をとり，すべての達成度が最低レベルであるような社会状態では，指標の値は 0 をとる．

すなわち，すべての要素が 1 である行列を $\mathbf{1}$, すべての要素が 0 である行列を $\mathbf{0}$ とすると，$I(\mathbf{1}) = 1$, $I(\mathbf{0}) = 0$ である．

分離性 (Separability) 各次元はそれぞれ独立に価値を持っており,「複数の次元が組み合わさって初めて指標の値に影響を与える」と

[36] $X \gg Y$ とは，すべての $i \in N$ と $j \in K$ について $x_{ij} > y_{ij}$ である．

いうようなことはない．この条件は，次の数式で表現できる．
$X, Y \gg \mathbf{0}$ であるような 2 つのデータと，任意の次元 $j \in K$ について

$$I(X_{-j}, \boldsymbol{x}_j) \geq I(Y_{-j}, \boldsymbol{x}_j) \Longrightarrow I(X_{-j}, \boldsymbol{y}_j) \geq I(Y_{-j}, \boldsymbol{y}_j)$$

が成り立つ．つまり，データ X, Y に共通部分があるとき，それを別の共通なものに置き換えても，大小関係は変わらない，という各次元の独立性を要求する条件である．

これらの条件は非常に弱いか，標準的なものであり，HDI^{old} と HDI^{new} の両方とも，これらの条件をすべて満たす．それでは，両者を分ける分水嶺の役割を果たす条件はどのようなものだろうか．ヘレーロらが考えたのは，次の公理である．

最小下限性 (Minimal lower boundedness) もし，どこかの次元の達成度がすべて 0 なら，他の次元の達成度がどんなに高かろうとも，指標の値は最小値（下限）をとる．
つまり，任意のデータ $X, Y \in \Omega$ と任意の次元 $j \in K$ について，$I(X) \geq I(Y_{-j}, \mathbf{0}_j)$ が成り立つ．なお $\mathbf{0}_j$ とは，すべての達成度が 0 であるような j 次元目のベクトルである．

足し算型の HDI は最小下限性を満たさない．どれかひとつの次元の達成度が 0 でも，他の次元の達成度が 0 より少しでも大きければ，指標の値は 0 より厳密に大きな値をとるからだ．一方，掛け算型の HDI は最小下限性を満たす．どれかひとつの次元の達成度が 0 だと，他の次元の達成度がどんなに高くとも，掛けてしまえば 0 になってしまうからだ．

これら 5 つの公理はどれも HDI が満たすべき条件であると考えてよいだろう．ヘレーロらは，これらの公理を満たす指標は，掛け算型の

みであると主張した.

主張 2 (Theorem, Herrero, Martínez, and Villar (2010))**.**　次の命題 (i) と (ii) は同値である.

1. 指標関数 I が単調性, 対称性, 基準化, 分離性, 最小下限性を満たす.
2. ある $\xi : [0,1]^n \to \mathbb{R}$ が存在して, 任意の $Y \in \Omega$ について

$$I(Y) = \prod_{j \in K} \xi(\boldsymbol{y}_j)^{\frac{1}{k}}$$

が成り立つ. なお, ξ は *common egaritarian equal value* と呼ばれる関数で, 各次元の達成度ベクトル $\boldsymbol{y}_j$ を一次元にまとめあげる役割を持つ[37].

しかし, この主張は厳密には成り立たないのである.

命題 6.　次の指標 $\tilde{I} : \Omega \to \mathbb{R}$ は, 5 つの公理をすべて満たすが, 主張 2 の (ii) の形を取らない. 任意の $Y \in \Omega$ について

$$\tilde{I}(Y) \equiv \log \left[\prod_{i=1}^{n} \prod_{j=1}^{k} (e^{y_{ij}} - 1)^{\frac{1}{nk}} + 1 \right]. \tag{3.1}$$

この反例は一例に過ぎず, 反例となる指標は無数に存在する. HDI^{new} は, さきほど挙げたすべての公理を満たすという意味で, 望ましい指標である. だが, 他にもそれらを満たす指標が無数に存在するのであれば, HDI^{new} を積極的に用いる根拠が揺らいでしまう.

それでは, 掛け算型の HDI は満たすが, 式 (3.1) は満たさないよう

[37] 詳しい条件は Herrero, Martínez, and Villar (2010) または Kawada, Nakamura, and Otani (2018) を参照してほしい. $\xi(\boldsymbol{y}_j)$ は $\boldsymbol{y}_j$ の要素の平均値と考えてよい.

な条件のうち，望ましいと考えられるものはあるだろうか．それが見つかれば，HDI^{new} は理論的正当性を取り戻し，唯一の望ましい指標として復活を遂げられる．

ここからは，$n = 1$ のケースを考える．これは，既に各次元の達成度ベクトル $\boldsymbol{y}_j$ を集計した値 $\xi(\boldsymbol{y}_j)$ が手元にある状況である．本節では，HDI の計算プロセスにおける「3 つの次元をどのように集約するか」というステップのみに着目するので，$n = 1$ のケースのみを考えるほうが，むしろ適切である．次の公理を考えてみよう．

同質性 (Homogeneity) すべての次元の達成度が，$\lambda > 0$ 倍されたら，指標の値も λ 倍される．

すなわち，任意の $\boldsymbol{y} \in [0, 1]^k$ と任意の $\lambda > 0$ について，もし $\lambda \cdot \boldsymbol{y} \in [0, 1]^k$ ならば

$$I(\lambda \cdot \boldsymbol{y}) = \lambda \cdot I(\boldsymbol{y})$$

が成り立つ．

同質性が満たされると，何が嬉しいのだろうか．本来，関数 I はデータの集合上に順序を与える以上の意味はない．つまり，社会状態が $\boldsymbol{y}$ から $\boldsymbol{y}'$ に変化した結果，$I(\boldsymbol{y}) = 0.4$ が $I(\boldsymbol{y}') = 0.8$ に変化したとしても，その変化がどの程度の大きさを持つのか，理論的に意味のある判断ができない．しかし，I が同質性を満たしていると，この変化の度合いに意味を持たせることができる．いま，

$$I(\boldsymbol{y}) = 0.4 \quad \text{かつ} \quad I(\boldsymbol{y}') = 0.8$$

だから，同質性を満たすならば

$$I(2\boldsymbol{y}) = 2I(\boldsymbol{y}) = I(\boldsymbol{y}')$$

が成り立つ．このことから，「$\boldsymbol{y}$ から $\boldsymbol{y}'$ への成長（I が 2 倍になるよう

な成長）とは，初期状態 $\boldsymbol{y}$ の達成度がすべて 2 倍になって $2\boldsymbol{y}$ になることと，同程度の成長である」と解釈できるようになる．

同質性は指標の性質として標準的なものだが，ヘレーロたちは要求していなかったものである．実は，同質性に加えて，対称性，基準化，分離性を指標に要求すると，**一般化平均** (generalized means) と呼ばれる関数のクラスを特徴づけることができる．関数 $I : [0,1]^k \to \mathbb{R}$ が指数 $p \in \mathbb{R}$ を持つ**一般化平均**であるとは，任意の $\boldsymbol{y} \in [0,1]^k$ に対して

$$I(\boldsymbol{y}) = \begin{cases} \prod_{j \in K} y_j^{\frac{1}{k}} & \text{if } p = 0, \\ \left(\frac{1}{k} \sum_{j \in K} y_j^p\right)^{\frac{1}{p}} & \text{if } p \neq 0. \end{cases}$$

が成り立つことをいう．

命題 7.　評価する次元の数を $k \geq 3$ とする．一般化平均は，同質性，対称性，基準化，分離性を満たす唯一の指標である．

一般化平均は $p = 0$ のときには掛け算型の平均（**幾何平均**）に等しく，$p = 1$ のときには足し算型の平均（**算術平均**）に等しい．また，$p = -1$ のときには割り算型の平均（**調和平均**）になる．一般化平均は，私たちが“平均”だと感じる計算方法を一般化したものである．そして実は，一般化平均のうち，最小下限性を満たすものが，幾何平均のみ，つまり HDI^{new} のみなのである．

定理 4.　評価する次元の数を $k \geq 3$ とする．HDI^{new} は，同質性，対称性，基準化，分離性，そして最小下限性を満たす唯一の指標である．

これで，HDI^{new} を用いる根拠を復活させることができた．なおこの節で省略された証明に関心のある者は Kawada, Nakamura, Otani (2018) を参照してほしい．

3.4　多次元の貧困

貧困の度合いを測る研究は2つのステップから構成される (Sen 1976). 第 1 ステップは**識別ステップ** (identification step) と呼ばれ,『誰が貧困者なのか』を決定する基準を定めるステップである. 例えば, 貧困線の値を定める手続きは識別ステップにあたる. 第 2 ステップは**集計ステップ** (aggregation step) と呼ばれ,『その社会がどれくらい貧困なのか』を測るステップであり, 具体的な貧困指標を選択するステップである. センの論文が発表される以前の貧困研究は, 識別ステップを主な研究対象としており, 集計ステップでは貧困者率 H が疑われることなく使用され,『H の値 = 貧困の度合いである』とほとんど無条件に考えられていた. そこにセンやワッツが一石を投じたことで, その後は集計ステップに注目する貧困研究が大きなブームとなった (第 1 章を参照).

だが時代が下ると, 集計ステップの研究蓄積が豊かになる一方で, 今度は識別ステップが軽視され始めた. すべての貧困指標は, あるいはすべての集計ステップは, 暗黙の裡に識別を行っているが, そこに繊細な注意が払われないようになっていたのだ. 多次元の貧困研究においても, その傾向は例外ではなかった. だが, 貧困を決める要因が多次元になったことにより, 識別ステップでは本質的に新しい問題が発生していたのだ. その問題を指摘し, 近年の多次元貧困研究に大きな変革をもたらしたサビーナ・アルカイアとジェイムズ・フォスターの論文 (Alkire and Foster 2011) を軸に, 望ましい多次元貧困指標について探究しよう.

3.4.1　誰が貧困か？

ひとつの社会の貧困の度合いを, 多次元で測る問題を考える. 個人の集合を $N = \{1, 2, \ldots, n\}$, 評価する次元の集合を $D = \{1, 2, \ldots, d\}$ とする.

個人 $i \in N$ の，次元 j における**達成度** (achievement) を $y_{ij} \in Y_j$ で表し，それを並べた d 次元のベクトルを達成度ベクトルと呼び，$\boldsymbol{y}_i \in \times_{j \in D} Y_j$ で表す．例えば，評価する次元の集合を $D = \{$ 所得，教育，健康 $\}$ として，個人 i のそれぞれの次元における達成度を $\boldsymbol{y}_i = (y_{i1}, y_{i2}, y_{i3})$ というふうに並べる．各達成度の集合 Y_j は実数 $\mathbb{R}$ かもしれないし {extremely bad, bad, good} のような集合かもしれない．ここでは特に限定しないが，何らかの順序が定められる集合のみを考える．全員分の達成度ベクトルを並べた $n \times d$ 次元の行列

$$\boldsymbol{y} = \begin{pmatrix} \boldsymbol{y}_1 \\ \boldsymbol{y}_2 \\ \boldsymbol{y}_3 \end{pmatrix} = \begin{pmatrix} y_{11} & y_{12} & \cdots & y_{1d} \\ y_{21} & y_{22} & \cdots & y_{2d} \\ \vdots & \vdots & \ddots & \vdots \\ y_{n1} & y_{n2} & \cdots & y_{nd} \end{pmatrix}$$

が，その社会の貧困の度合いを測るために使用するデータである．また，各次元 $j \in D$ ごとの貧困線 (dimension-specific cutoff) を $z_j \in Y_j$ とし，それを並べたものを $\boldsymbol{z} = (z_1, \ldots, z_d)$ と書く．多次元貧困線 $\boldsymbol{z}$ と $\boldsymbol{y}_i$ をデータとして，i が貧困者かどうかを識別する関数 ρ を**識別関数** (identification function) と呼ぶ．すなわち

$$\rho(\boldsymbol{y}_i, \boldsymbol{z}) = \begin{cases} 1 & \text{if } i \text{ は貧困者である} \\ 0 & \text{if } i \text{ は貧困者でない} \end{cases}$$

という関数である．では，ρ の値をどのように決めればよいだろうか．所得のみを基準にしていた場合と異なり，ここには一筋縄ではいかない問題が潜んでいる．

ひとつのシンプルな方法は，多次元の要素を 1 次元にまとめあげてしまうことだ．つまり，何らかのウェイト $\boldsymbol{p} = (p_1, p_2, \ldots, p_d)$ を用

いて

$$\rho(\boldsymbol{y}_i, \boldsymbol{z}) = \begin{cases} 1 & \text{if} \quad \boldsymbol{p} \cdot \boldsymbol{y}_i < \boldsymbol{p} \cdot \boldsymbol{z} \\ 0 & \text{if} \quad \boldsymbol{p} \cdot \boldsymbol{y}_i \geq \boldsymbol{p} \cdot \boldsymbol{z} \end{cases}$$

とする方法だ．$\boldsymbol{p} = (p_1, \ldots, p_d)$ が各次元の達成度一単位あたりの金銭的な価値を並べたベクトルで，$\boldsymbol{p} \cdot \boldsymbol{z}$ が総合的に金銭換算された貧困線と考えれば，すべての次元を一挙に評価できる．だが，この方法には致命的な問題がある．そもそも多次元で測るモチベーションはケイパビリティ・アプローチにあったが，ケイパビリティを重視する際に評価される次元は，基数的に表現可能であるとは限らない．各次元は $\{0, 1\}$ 集合かもしれないし，数字ですらないものが並んだ集合かもしれない．また，たとえすべての次元に基数的な意味を持たせることができたとしても，各次元間の相対的な価値を定めるベクトル $\boldsymbol{p}$ の値を決定するのは非常に困難だ．一般的に，多次元の要素を一次元にまとめあげるアプローチは

$$\rho_u(\boldsymbol{y}_i, \boldsymbol{z}) = \begin{cases} 1 & \text{if} \quad u(\boldsymbol{y}_i) < u(\boldsymbol{z}) \\ 0 & \text{if} \quad u(\boldsymbol{y}_i) \geq u(\boldsymbol{z}) \end{cases}$$

と書くことができる．貧困線に対する何らかの評価値 $u(\boldsymbol{z})$ を基準として，$u(\boldsymbol{y}_i)$ がそれを下回っているかどうかで貧困者かそうでないかを識別するわけである．本質的に，この一次元アプローチは，『個々の次元が独立に尊重されるべきである』というケイパビリティ・アプローチの基礎にある考え方と相性が悪い．例えば，一次元アプローチでは，個人がほとんどの重要な次元で貧困線 z_k を下回っていても，所得の次元の値が極端に高ければ，貧困者ではないと評価してしまう可能性がある．一つの次元の値が大きければ，他の次元で剥奪されている自由の

価値を代替できてしまうのだ．だが，労働の機会や医療や教育が剥奪されている社会にお金をばらまいても，人々が貧困から抜け出したとはいえないだろう．

ケイパビリティの考え方とより相性の良い，多次元を多次元のままで評価する方法として最もよく使われているのが，ユニオン・メソッド (union method) である．それは，少なくとも 1 つの次元で貧困線を下回っていたら，その個人を貧困者であると識別するものだ．まず，各 $\boldsymbol{y}_i$ と多次元の貧困線 $\boldsymbol{z}$ に対して，各次元の達成度が各次元の貧困線を下回っている回数を数える関数を

$$c(\boldsymbol{y}_i, \boldsymbol{z}) = |\{j \in D : y_{ij} < z_j\}|$$

とする．そして識別関数を

$$\rho(\boldsymbol{y}_i, \boldsymbol{z}) = \begin{cases} 1 & \text{if} \quad c(\boldsymbol{y}_i, \boldsymbol{z}) \geq 1 \\ 0 & \text{if} \quad c(\boldsymbol{y}_i, \boldsymbol{z}) = 0 \end{cases}$$

とする識別方法が，ユニオン・メソッドである．貧困者ではないと識別されるためには，貧困線を下回っている回数 $c(\boldsymbol{y}_i, \boldsymbol{z})$ が 0 でなければならないということだ．もしすべての次元で貧困線を上回ることが，個人が生きるうえで死活的な問題であるなら，このアプローチは非常に説得力を持つ．しかし，もしそうでないなら，貧困者とはいえない者までも貧困者と認定してしまうかもしれない．例えば『教育年数』という次元だけを見れば恵まれない者であっても，他の面では十分に豊かな生活を送っている者を貧困者の集合に含めてしまうかもしれない．極端にいえば，100 次元のうち，すべての次元で貧困線を下回っているような極度の貧困者と，1 つの次元のみ貧困線を下回っている相対的に裕福な貧困者を区別できないということだ．このように，ユニオン・メソッドは貧困者の認定基準が甘いので，次元の数が大きくなれ

ば，多くの者が貧困者と認定されてしまい，真に救済すべき貧困者は誰なのか，そして一国の貧困の度合いがどの程度なのかが見えにくくなってしまう．ユニオン・メソッドは人間貧困指数(HPI, Human Poverty Index) にも使われている主要な手法だが，このような欠点がある．

これと対照的に，すべての次元で貧困線を下回っている場合に限り，個人を貧困者とする方法がインターセクション・メソッド (intersection method) で，識別関数は

$$\rho(\boldsymbol{y}_i, \boldsymbol{z}) = \begin{cases} 1 & \text{if} \quad c(\boldsymbol{y}_i, \boldsymbol{z}) = d \\ 0 & \text{if} \quad c(\boldsymbol{y}_i, \boldsymbol{z}) < d \end{cases}$$

となる．しかし，今度は貧困者の認定基準が厳しすぎるといえる．100 次元のうち 99 次元で貧困線を下回っていても，1 つの次元で貧困線を上回っていれば貧困者とは認定されないことになる．

3.4.2　アルカイア＝フォスターの方法

近年，アルカイアとフォスターが考察したのは，これらユニオンとインターセクションの中間にあたるものである．なんらかの整数 $k \in \{1, 2, \ldots, d\}$ について，識別関数を

$$\rho_k(\boldsymbol{y}_i, \boldsymbol{z}) = \begin{cases} 1 & \text{if} \quad c(\boldsymbol{y}_i, \boldsymbol{z}) \geq k \\ 0 & \text{if} \quad c(\boldsymbol{y}_i, \boldsymbol{z}) < k \end{cases}$$

と定める．つまり ρ_k は，個人 i が貧困に陥っている次元の数が k 以上のとき i を貧困者と識別する．この方法は，2 種類の閾値（カットオフ）—各次元ごとのカットオフ z_j と，全次元にまたがるカットオフ k—によって貧困者を識別するので，**二重閾値識別法** (Dual cutoff identification method) と呼ばれる．これは $k = 1$ のときユニオン・メソッドに等し

く，$k=d$ のときインターセクション・メソッドに等しい．

ρ_k という識別関数は，いくつかの場面で使われてきた．国連児童基金 (UNICEF) は，子どもの極度の貧困を捉えるにあたって，$k=2$ として識別する手法をとっている (Gordon, et al., 2003)．また，Mack and Lansley (1985) では，全 26 次元のうち 3 次元以上で“剥奪”されている者を貧困者としている．だが，ρ_k に関して本格的な理論的分析を行ったのは Alkire and Foster (2011a) が初めてである．識別関数 ρ_k には 3 つの特筆すべき点がある．

1. ρ_k は，貧困者でない者の状態がさらに良くなっても，その影響をうけない．つまり，任意の貧困者でない者の任意の達成度が上昇しても，ρ_k の値は変わらない．この性質を**貧困者焦点性** (poor-focus) と呼ぶ．
2. ρ_k は，貧困に陥っていない次元の達成度が上昇しても，その影響をうけない．つまり，貧困線を下回っていない任意の $y_{ij} \geq z_j$ の値が上昇しても，ρ_k の値は変わらない．この性質を**剥奪焦点性** (deprivation-focus) と呼ぶ．多次元を一次元にまとめてしまうアプローチでは，1 つの次元の値が十分に大きければ，他の次元の剥奪を補償できたので，剥奪焦点性は満たされていなかった点に注意してほしい．
3. ρ_k はデータが序数的であってもうまく機能する．つまり，任意の次元の達成度 y_{ij} と貧困線 z_j を同じ関数で単調変換しても ρ_k の値は変わらない．一次元アプローチ ρ_u は，この性質も満たすことができない．

アルカイア＝フォスターの方法 (Alkire-Foster method) とは，この ρ_k によって貧困者の集合を特定したうえで，FGT インデックスを多次元に拡張した貧困指標である (Alkire and Foster 2011a)．この測定法を定義するために，いくつかの記号を導入しておくと便利である．

- 個人 i の達成度ベクトル $\mathbf{y}_i$ の各要素 y_{ij} を，z_j を下回っているな

ら 1 に，そうでないなら 0 に置き換えたもの

$$\boldsymbol{g}_i^0 = \left(\mathbf{1}_{\{y_{i1}<z_1\}}, \mathbf{1}_{\{y_{i2}<z_2\}}, \ldots, \mathbf{1}_{\{y_{id}<z_d\}}\right) \in \{0, 1\}^d$$

をつくる．なお，$\mathbf{1}_{\{\text{条件}\}}$ とは，条件が真なら 1, 偽なら 0 をとる関数である．また，それを全員分並べた $n \times d$ 次元の行列

$$\boldsymbol{g}^0 = \begin{pmatrix} \boldsymbol{g}_1^0 \\ \boldsymbol{g}_2^0 \\ \vdots \\ \boldsymbol{g}_n^0 \end{pmatrix}$$

をつくる．

- 行列やベクトル $\boldsymbol{g}$ に対して，その要素をすべて足し合せたものを $|\boldsymbol{g}|$ と書き，平均値を $\mu(\boldsymbol{g})$ と書くことにする．例えば $|\boldsymbol{g}_i^0| = c(\boldsymbol{y}_i, \boldsymbol{z}) = |\{j \in D : y_{ij} < z_j\}|$ であり，$\mu(\boldsymbol{g}_i^0) = \frac{|\boldsymbol{g}_i^0|}{d}$ である．
- もし $\boldsymbol{y}$ が基数的なデータならば，各貧困線との差は，その次元における剥奪の度合いを表す．各貧困線 z_j と y_{ij} との差を基準化したものを並べたベクトル

$$\boldsymbol{g}_i^1 = \left(g_{i1}^0 \frac{z_1 - y_{i1}}{z_1}, g_{i2}^0 \frac{z_2 - y_{i2}}{z_2}, \ldots, g_{id}^0 \frac{z_d - y_{id}}{z_d}\right)$$

をつくる．ただし，貧困線を上回っている場合は 0 をかけている．また，それを全員分並べた $n \times d$ 次元の行列

$$\boldsymbol{g}^1 = \begin{pmatrix} \boldsymbol{g}_1^1 \\ \boldsymbol{g}_2^1 \\ \vdots \\ \boldsymbol{g}_n^1 \end{pmatrix}$$

をつくる．

- 任意の $\alpha > 0$ に対して $\boldsymbol{g}_i^1$ の要素を α 乗したものを並べたベクトルを

$$\boldsymbol{g}_i^\alpha = \left((g_{i1}^1)^\alpha, (g_{i2}^1)^\alpha, \dots, (g_{id}^1)^\alpha\right)$$

とする．同様に

$$\boldsymbol{g}^\alpha = \begin{pmatrix} \boldsymbol{g}_1^\alpha \\ \boldsymbol{g}_2^\alpha \\ \vdots \\ \boldsymbol{g}_n^\alpha \end{pmatrix}$$

とする．

- 次に，二重閾値識別法 ρ_k を使って，貧困者とそうでない者を識別し，貧困者でない者のデータをすべて 0 に置き換えた行列 $\boldsymbol{g}^\alpha(k)$ をつくる．この行列の i 行目は

$$\boldsymbol{g}_i^\alpha(k) = \begin{cases} \boldsymbol{g}_i^\alpha & \text{if} \quad \rho_k(\boldsymbol{y}_i, \boldsymbol{z}) = 1 \\ \boldsymbol{0} & \text{if} \quad \rho_k(\boldsymbol{y}_i, \boldsymbol{z}) = 0 \end{cases}$$

となる．

例 2.　$n = 4, d = 3$, 貧困線を $\boldsymbol{z} = (2, 4, 3)$ とする．次の行列

$$\boldsymbol{y} = \begin{pmatrix} 5 & 2 & 4 \\ 1 & 3 & 5 \\ 3 & 6 & 0 \\ 1 & 1 & 2 \end{pmatrix}$$

について考える．$k = 2$ 以上の次元で貧困に陥っている場合に，貧困者とみなす場合を考える．すると

$$\boldsymbol{g}^0 = \begin{pmatrix} 0 & 1 & 0 \\ 1 & 1 & 0 \\ 0 & 0 & 1 \\ 1 & 1 & 1 \end{pmatrix}, \quad \boldsymbol{g}^1 = \begin{pmatrix} 0 & 1/2 & 0 \\ 1/2 & 1/4 & 0 \\ 0 & 0 & 1 \\ 1/2 & 3/4 & 1/3 \end{pmatrix},$$

$$\boldsymbol{g}^0(2) = \begin{pmatrix} 0 & 0 & 0 \\ 1 & 1 & 0 \\ 0 & 0 & 0 \\ 1 & 1 & 1 \end{pmatrix}, \quad \boldsymbol{g}^1(2) = \begin{pmatrix} 0 & 0 & 0 \\ 1/2 & 1/4 & 0 \\ 0 & 0 & 0 \\ 1/2 & 3/4 & 1/3 \end{pmatrix}$$

などと計算できる． ◇

これらの定義を使って，さまざまな多次元貧困指標を作ることができる．

識別関数 ρ_k に基づく貧困者の集合を $Z_k(\boldsymbol{y}, \boldsymbol{z}) = \{i \in N : \rho_k(\boldsymbol{y}_i, \boldsymbol{z}) = 1\}$ とする．貧困者の占める割合

$$H = \frac{|Z_k|}{n}$$

を**多次元的貧困者率** (multi-dimensional headcount ratio) と呼ぶ．これは一次元のときの貧困者率の定義をそのまま拡張したものだが，貧困者の認定基準には二重閾値識別法 ρ_k が使われている．この指標には一次元の貧困者率と同様に，シンプルでわかりやすいという利点があるが，データ $\boldsymbol{y}$ のほんの一部の情報しか反映していない点で非常に粗雑である．

また，問題を多次元に広げたことで新たな欠点も生じる．既に貧困者と認定されている個人 i の達成度が低下して，新たに貧困線を下回

る次元が発生したとしても，H は無反応なのである．つまり，H はすでに貧困状態の個人 i がさらに新たな次元で貧困に陥って $|\boldsymbol{g}_i^0|$ が増加しても，それに対して反応できない．$|\boldsymbol{g}_i^0|$ は個人 i がどれほど多面的な貧困に苦しんでいるかを表すパラメータであり，データの序数性・基数性に依らず意味を持つ数値なので，なるべく反映させたい．

貧困指標が**次元単調性** (dimensional monotonicity) を満たすとは，既に $\rho_k(\boldsymbol{y}_i, \boldsymbol{z}) = 1$ となっている個人 i について，$|\boldsymbol{g}_i^0|$ が増加したとき，貧困指標の値も増加することである．定義より，H は次元単調性を満たさない．このように，多次元の貧困問題では，個人が「各次元でどの程度の貧困を経験しているか」という**貧困の深さ** (depth of deprivation) の観点だけでなく，個人が「どれくらい多くの次元で貧困を経験しているか」という**貧困の頻度と広がり** (frequency and breadth of deprivation) の観点が重要である．

後者の観点を取り入れ，貧困者率を修正しよう．まず $\boldsymbol{g}^0(k)$ は，貧困者が貧困に陥っている次元では 1, そうでない次元では 0 を並べ，貧困者でない者のデータはすべて 0 に置き換えたものだから，$|\boldsymbol{g}^0(k)|$ は貧困者が貧困に陥っている次元の数をすべて足し合せたものである．これを貧困者の人数と次元の数で割れば，剥奪された次元数の平均

$$A = \frac{|\boldsymbol{g}^0(k)|}{|Z_k|d}$$

が計算できる．これと貧困者率 H を掛け合わせたものが，**修正貧困者率** (dimension adjusted headcount ratio) であり

$$M_0 = HA$$

と定義される．指標 A は貧困線を下回っている次元の数に特化した指

標ゆえに，次元単調性を満たすので，M_0 も次元単調性を満たす．なお

$$M_0 = HA = \frac{q}{n}\frac{|\boldsymbol{g}^0(k)|}{dq} = \frac{|\boldsymbol{g}^0(k)|}{dn} = \mu(\boldsymbol{g}^0(k))$$

なので，M_0 は $\boldsymbol{g}^0(k)$ の平均値である．

修正済み貧困者率は，各次元が貧困線を下回っているか否かという“0 か 1 か”のデータしか用いないため，序数的な意味しか持たないデータも扱うことができる．ケイパビリティを重視するときに評価する次元は，数値化・定量化が困難なことが多いので，これは大きな利点である．しかし，その裏返しとして，各次元ごとの貧困線との差の程度を無視してしまうという欠点もある．そこで次は，データが基数的な場合を考え,「貧困の深さ」という前者の観点を取り入れよう．つまり，所得ギャップ率 I あるいは FGT_1 の拡張を試みよう．$\boldsymbol{g}^1(k)$ は，貧困者の各次元の貧困線とのギャップを基準化し，並べたものであった．これの平均をとったものが**修正貧困ギャップ** (dimension adjusted poverty gap) であり

$$M_1 = \mu(\boldsymbol{g}^1(k))$$

である．ちなみに $\boldsymbol{g}^1(k)$ を貧困に陥っている次元の数 $|\boldsymbol{g}^0(k)|$ で単純に割ると，所得ギャップ率

$$I = \frac{|\boldsymbol{g}^1(k)|}{|\boldsymbol{g}^0(k)|}$$

が得られるが，一次元のときと同様に，この指標は「貧困者がどれくらいいるか」という情報を無視してしまう．よって I に HA を掛けることでその欠点を補えば

$$HAI = \frac{q}{n}\frac{|\boldsymbol{g}^0(k)|}{dq}\frac{|\boldsymbol{g}^1(k)|}{|\boldsymbol{g}^0(k)|} = \frac{|\boldsymbol{g}^1(k)|}{nd} = M_1$$

が得られるのである．

「極度の貧困に喘ぐ貧困者を窮地から救うことは一刻を争う事態であり，比較的豊かな貧困者の状態の変化よりも重視されるべきだ」という考え方を指標の選択に取り入れるならば，貧困層内の格差にも敏感な指標を用いればよい．すなわち，一次元のときと同様に，FGT_2 を使えばよい．$\boldsymbol{g}^2$ は所得ギャップを二乗したものだから，それの平均をとれば

$$M_2 = \mu(\boldsymbol{g}^2)$$

が得られる．これが一次元における FGT_2 に対応する．同様に，任意の $\alpha \geq 0$ について

$$M_\alpha = \mu(\boldsymbol{g}^\alpha(k))$$

と定めたものが**修正 FGT インデックス** (dimension adjusted FGT measures) である．この多次元に拡張された FGT インデックスは，特に二重閾値識別法 ρ_k を強調する際には，アルカイア＝フォスターの方法と呼ばれる．

多次元貧困指標が満たすべき性質について論じよう．なお，多次元的貧困指標では，識別ステップが自明でないため，識別関数 ρ と貧困指標 M のペア

$$\mathcal{M} = (\rho, M)$$

をひとつの測定の枠組みとして，分析対象とする．しかし，指標 M は何らかの識別関数 ρ を前提に定義されているはずなので，何らかの ρ を前提としたうえで，単に M とだけ書くことが多い．つまり，例えば，正確には「$\mathcal{M}$ は単調性を満たす」と書くべきところを，混乱の余地が無い限り,「M は単調性を満たす」と書くことにする．特に，多次元的貧困者率 H と修正 FGT インデックス M_α について言及する際には，二

重閾値識別法 ρ_k によって識別が行われているものとして話を進める．H と FGT_α は，以下に並べる基本的な性質をすべて満たす．

分割可能性 (Decomposability) 指標 M が**分割可能** (decomposable) であるとは，任意のデータ行列 $(\boldsymbol{x}, \boldsymbol{y})$ と任意の多次元貧困線 $\boldsymbol{z}$ に対して

$$M((\boldsymbol{x}, \boldsymbol{y}), \boldsymbol{z}) = \frac{n(\boldsymbol{x})}{n((\boldsymbol{x}, \boldsymbol{y}))} M(\boldsymbol{x}, \boldsymbol{z}) + \frac{n(\boldsymbol{y})}{n((\boldsymbol{x}, \boldsymbol{y}))} M(\boldsymbol{y}, \boldsymbol{z})$$

が成り立つことである．また，一次元のときと同様に，分割可能な貧困指標は，**部分グループ整合的** (subgroup consistent) でもある．

複製不変性 (Replication invariance) 指標の値は人口の規模に関して不変である．例えば $M(\boldsymbol{y}, \boldsymbol{z}) = M((\boldsymbol{y}, \boldsymbol{y}, \boldsymbol{y}), \boldsymbol{z})$ が成り立つ．この性質があれば，異なる人口どうしの比較が意味を持つ．

匿名性 (Anonymity) 指標は，特定の個人を名前によって軽視したり重視したりしない．

貧困者焦点性 (Poor-focus) 貧困者でない者 i の，任意の達成度 y_{ij} が上昇しても，指標の値は変わらない．

剥奪焦点性 (Deprivation-focus) 任意の個人 i の，貧困に陥っていない次元の達成度 $y_{ij} > z_j$ が上昇しても，指標の値は変わらない．

単調性 (Monotonicity) 任意の貧困者の達成度 y_{ij} を減少させると，指標の値は厳密に増加する．

弱単調性 (Weak monotonicity) 任意の貧困者の達成度 y_{ij} を減少させると，指標の値が減少することはない．

次元単調性 (Dimensional monotonicity) 任意の貧困者 i について，これまで $y_{ij} > z_j$ であった達成度が $y'_{ij} < z_j$ となると，指標の値は厳密に増加する．つまり，貧困者が経験する貧困の側面の数

が増えると，指標の値が厳密に増加する．

多次元的貧困指標 H や修正 FGT インデックス M_α は，分割可能性，複製不変性，匿名性，貧困者焦点性，剥奪焦点性，弱単調性を満たす．これらの望ましい性質は，二重閾値識別法 ρ_k に基づくからこそ満たされる性質で，多次元を一次元にまとめあげて評価してしまう ρ_u を用いた場合には満たすことができないものだ．また，多次元的貧困指標 H は単調性と次元単調性を満たすことができないが，修正 FGT インデックス M_α は次元単調性を満たし，$\alpha > 0$ であれば単調性をも満たすことができる．

M_α のなかでも特に注目すべきは $\alpha = 0$ のケースである．一般に，ケイパビリティに基づいて貧困を評価する際には，データが序数的な意味しか持たない場合が圧倒的に多い．その場合，各次元の値と貧困線を任意に単調変換しても，指標の値の大小関係は変化するべきではない．つまり，もしデータ $\boldsymbol{x}, \boldsymbol{y}$ について，

$$M(\boldsymbol{x}, z) > M(\boldsymbol{y}, z)$$

が成り立っているにもかかわらず，これらを単調変換した $g(\boldsymbol{x}), g(\boldsymbol{y})$ について

$$M(g(\boldsymbol{x}), g(z)) < M(g(\boldsymbol{y}), g(z))$$

が成り立ってはならない，ということである．多次元的貧困指標 H は，貧困の深さに関する情報を用いないため，この条件を満たす．しかし，次元単調性という，序数性のみに基づく重要な性質を満たすことができない．一方，$\alpha > 0$ のときの M_α は，次元単調性などを含む，多くの望ましい性質を満たすが，貧困の深さに関する情報を用いてしまっているために，データの単調変換によって指標の値の大小関係を狂わせてしまう．だが，M_0 は M_α というクラスのなかで唯一，貧困の深さの情報を用いていないため，データの単調変換に対して頑健である．つ

まり，次元単調性やその他の望ましい条件を満たすことができる．序数的なデータを含む場合には，M_0 が多次元貧困指標の最良の候補だといえよう．

3.5 おわりに

90 年代以降，センのケイパビリティ・アプローチに触発された多次元的指標がいくつも考案された．本章ではその中でも最も有名な HDI と，多次元貧困指標について解説した．HDI は 2010 年に定義が変更されたが,「その定義でなければならない」理由が正しく解明されていなかったため，その理論的根拠を解説した．

また，近年，多数の応用研究が行われている多次元貧困指標の決定版ともいえるアルカイア＝フォスターの方法について，詳しい解説を行った．アルカイア＝フォスターの方法についてはその発案者自身が解説論文も書いている (Alkire and Foster 2011b).

あとがき

本書で一貫して行ったのは，貧困や格差や人間開発といった，測りたい問題の種類に応じて，データの分布の特徴を適切に抽出するような指標を作成し，理論的な正当化を与えることだ．これは，他の種類の問題にも応用できる．例えば筆者の最近の共同研究論文では，年齢の分布をデータとして，高齢化の度合いを測るための新しい指標を作成し，公理的特徴づけを行っている（Kawada, Nakamura, Okamoto 2017）．年齢の分布の評価というと，問題の外見は新しく見えるが，貧困指標や人間開発指数の公理化と数学的構造は似通っており，共通のテクニックが使える．

近年は，このように，さまざまな現象を測る指標について，よく使われている指標の性能を疑い，その欠点や限界を指摘し，代替的な指標を作成し，理論的な正当性を与える研究が面白いと感じている．それは，これまで当たり前だと思われていたものの見方の歪みを明示し，新しいものの見方を提供することができる，社会科学の王道を行く研究のひとつだと考えている．

参考文献

Alkire, S. and Foster, J. (2011a) "Counting and Multidimensional Poverty Measurement," *Journal of Public Economics*, Vol. 95, pp.476–487.

Alkire, S. and Foster, J. (2011b) "Understandings and Misunderstandings of Multidimensional Poverty Measurement, " *Journal of Economic Inequality*, Vol.9 (2), pp.289–314.

Atkinson, A. B. (1987) "On the Measurement of Poverty," *Econometrica*, Vol. 55(4), pp. 749–764.

Borda, J.-C. de (1784) "Mémoire sur les élections au scrutin," *Histoire de l'Académie Royal des Sciences* 1981, pp. 657–664.

Debreu, G. (1959) "Topological Methods in Cardinal Utility Theory," In: K. J. Arrow, S. Karlin, and P. Suppes eds, *Mathematical Methods in the Social Sciences 1959: Proceedings of the First Stanford Symposium*, Stanford University Press, California, pp.16–26.

Deutsch, M. (1971) "Conflict and Its Resolution," in: C. G. Smith eds, *Conflict resolution: Contributions of the Behavioral Sciences*. Notre Dame: University Notre Dame Press.

Esteban, J.-M. and Ray, D. (1994) "On the Measurement of Polarization," *Ecoonometrica*, Vol. 62, pp. 819-851.

Esteban, J.-M. and Ray, D. (2011) "Linking Conflict to Inequality and Polarization," *American Economic Reveiw*, Vol. 101, pp. 1345–1374.

Foster, J. (1984) "On Economic Poverty: A Survey of Aggregate Measures," in: R.L. Basemann and G.F. Rhodes eds, *Advances in Econometrics 3*. JAI Press, Connecticut.

Foster, J., Greer, J., and Thorbecke, E. (1984) "A Class of Decomposable Poverty Measures," *Econometrica*, Vol. 52(3), pp. 761–766.

Foster, J. and Shorrocks, A. (1991) "Subgroup Consistent Poverty Indices,"

Econometrica, Vol.59, pp.687–709.

Hagenaars, A. (1987) "A Class of Poverty Indices," *International Economic Review*, Vol. 28, pp. 583–607.

Herrero, C., Martínez, R., and Villar, A. (2010) "Multidimensional Social Evaluation: an Application to the Measurement of Human Development," *Review of Income and Wealth*, Vol. 56, pp. 483–497.

Kawada, Y. (2017) "A Note on Sen's Poverty Index," mimeo, Keio University.

Kawada, Y., Nakamura, Y., and Okamoto, N. (2017) "The Measurement of Population Ageing," mimeo, Keio University.

Kawada, Y., Nakamura, Y., and Otani, S. (2018) "An Axiomatic Foundation of the Multiplicative Human Development Index," *Review of Income and Wealth*, forthcoming.

Kawada, Y., Nakamura, Y., and Sunada, K. (2018) "A Characterization of the Esteban-Ray Polarization Measures," *Economics Letters*, Vol. 169(c), pp.35–37.

Seidl, C. (1988) "Poverty measurement: A survey," in: D. Bös, M. Rose, and C. Seidl eds, *Welfare and Efficiency in Public Economics*. Springer-Verlag, Berlin.

Sen, A. K. (1976) "Poverty: An Ordinal Approach to Measurement," *Econometrica*, Vol. 44(2), pp.219–231.

Sen, A. K. (1981) *Poverty and Famine: An Essay on Entitlement and Deprivation*, Oxford: Clarendon Press. （黒崎卓・山崎幸治訳『貧困と飢饉』岩波書店，2000 年）

Sen, A. K. (1985) *Commodities and Capabilities*, Amsterdam: North-Holland. （鈴村興太郎訳『福祉の経済学—財と潜在能力』岩波書店，1988 年）

Sen, A. K. (1997) *On Economic Inequality*, expanded edition with a substantial annexe by James E. Foster and Amartya K. Sen, Oxford: Clarendon Press. （鈴村興太郎・須賀晃一訳『不平等の経済学』東洋経済新報社，2000 年）

Watts, H. (1968) "An Economic Definition of Poverty," in: D. P. Moynihan eds, *On Understanding Poverty*. Basic Books, New York.

Zheng, B. (1993) "An Axiomatic Characterization of the Watts Poverty Index," *Economics Letters*, Vol.42, pp81–86.

著者紹介

河田　陽向

2013 年　慶應義塾大学経済学部卒業
2015 年　慶應義塾大学大学院経済学研究科
　　　　修士課程修了
2018 年　慶應義塾大学大学院経済学研究科
　　　　博士課程単位取得退学
現在　　慶應義塾大学経済学部助教
　　　　元・三菱経済研究所研究員

社会の「よさ」をいかに測るか
—貧困・格差・人間開発—

2018 年 10 月 20 日　発行

定価　本体 1,700 円＋税

著　者　河田陽向（カワダヨウコウ）

発行所　公益財団法人　三菱経済研究所
東京都文京区湯島 4-10-14
〒 113-0034 電話 (03)5802-8670

印刷所　株式会社　国際文献社
東京都新宿区高田馬場 3-8-8
〒 169-0075 電話 (03)3362-9741 ～ 4

ISBN 978-4-943852-67-4